낭떠러지 위에서의 외줄타기

- 부부갈등과 사랑 -

김순향 · 조한석

유북스

머리말

심리치료가 매력적이면서도 매우 어려운 이유는 각 내담자가 처한 상황이나 어린자아가 다양하고, 치료자의 공감능력이 상호작용하는 하나의 작품이기 때문이다. 어떤 대작(大作)도 두 개가 존재하지 않듯이, 내담자 역시 똑같은 고통이나 갈등의 원인, 증상을 가지고 있는 사람은 없다. 뿐만 아니라 두 사람의 치료자가 동일한 내담자를 대상으로 치료를 한다 하여도 그 과정은 결코 같을 수가 없다.

독자나 초보 치료자의 경우 숙련된 기술을 가진 전문가를 직접 관찰하거나 간접적으로 경험하는 것도 하나의 훌륭한 학습기법이다. 그런 의미에서 본다면 이 사례는 다른 치료적 입장을 가진 치료자라 할지라도 그것을 어떻게 접근할 것인지를 음미해 보는 것도 하나의 좋은 학습기법이 될 것이다.

이 사례는 30대 후반의 부부가 연애시절부터 심각하게 겪어 왔던 대화의 단절, 갈등을 사랑으로 승화시키는 치료과정이다. 이미 부부갈등을 겪었거나 갈등 상태에 놓여 있거나 대화의 기술이 필요하거나 아니면 자신의 임상기술을 보다 증진하려는 동기적 측면에서도 도움이 될 것이다.

이 사례는 초보 치료사나 부부갈등으로 고통받는 많은 사람들에게 조금이나마 도움이 되었으면 하는 의도에서 집필되었다. 또 특정한 문제를 가진 부부를 치료하는 방식에 대하여 우리와 의견을 달리하는 치료자에게도 도움이 되었으면 한다. 어쩌면 많은 치료방법을 새롭게 설계할 수도 있을 것이고, 유사한 상황에 처한 독자들은 자신을 스스로 치유할 수 있는 방법을 찾을 수도 있기 때문에 사례의 원본은 가공하지 않은 것이다.

이 사례는 가공하지 않은 원석이다 보니 다소 어법이나 사투리가 매끄럽지 못한 부분도 많지만, 그것 또한 내담자의 지역적, 사회적, 문화적 특성과 함께 치료자가 상호작용하는 것이니 독자들의 넓은 아량으로 이해해 줄 것으로 믿는다.

끝으로 이 책을 출판하는 데 있어서 원고 교정과 조언을 아끼지 않았던 우리 연구소 신경자 실장, 김세형, 박새롬, 조성목 상담연구사와 삽화를 직접 그려 주신 류나경, 박수영, 임재원 선생님, 사진을 제공해 주신 최윤선 선생님께 감사의 마음을 전한다. 또 이 글을 기꺼이 출판해 주신 유북스 가족 모두에게 감사드린다.

2015년 1월

연구소에서

차 례

첫째 마당

윤택한 삶을 찾기 위한 만남

1. 윤택한 삶을 찾기 위한 만남

상담 : 상담실에 어떻게 오신 것이지요?

남자 : 요즘 우리 부부가 살아가면서 자주 삐그덕 삐그덕 하니까, 누가 잘못되었다고 하는 것을 따지기보다는, 지금보다 더 잘 살 수 있게끔 하고 싶어서 온 것입니다.

상담 : 쉽게 말해서 두 분이 지금 상황이 어떤 것에 의해서 상황이 될 수도 있고, 어떤 사건이 될 수도 있고, 어떤 환경이 될 수도 있고....... 지금 힘이 많이 드는데, 두 분이 서로 보완을 해서 지금보다 더 윤택한 삶을 살고 싶으시다는 말씀이죠?

남자 : 네

사람들은 결혼을 하게 되면 지금까지 그 누구에게도 바라지 않던 기대들을 갖게 된다. 배우자에게 특별한 사람이 되기를 원하고, 자신의 불완전함을 완벽하게 채워주기를 갈망한다. 그런데 그 기대가 무너져 실망이 되고 미움과 원망, 분노로 이어져 감당하기 힘든 고통을 안겨다 줄 때까지 그 간절한 기대치를 포기하지 못하는 것이다. 아무리 좋은 부부라 해도 갈등이 없는 것은 아니다. 행복하게 사는 부부도 때로는 의견을 달리하여 싸우기도 한다. 단지 '서로 다르다는 것'을 인정하기 때문에 지혜롭게 싸우는 것이다.

부부갈등을 겪고 있는 많은 사람들의 경우에 있어서 부인이 실수를 하거나 투정을 부려도 남편의 넓은 가슴으로 다 포용하고 받아줄 것이라고 생각한다. 또 남편이 자존심 때문에 억지를 부리더라도 부인은 그것을 참고 받아주며 믿어줄 것이라고 기대한다. 그런데 이런 환상을 가진 사람일수록 자신의 기대만큼 배우자가 해주지 않는다고 불만을 표출하기도 하고, 좌절하거나 분노를 느끼거나 배신감을 느끼기도 한다.

그러나 서로 사랑하는 부부도 사람인지라 의견의 차이가 생길 수도 있고 갈등을 겪을 수도 있다. 인생이란 내가 항상 원하는 상황만 존재하지 않기 때문에 때로는 갈등하고 때로는 불안하고 때로는 고통이 따르기도 한다.

따라서 그 갈등과 불안, 고통 등을 서로 공감하면서 나누면 줄어들거나 없어진다. 부부가 어떻게 대처하느냐에 따라 행복을 누릴 수도 있고 불행을 만들 수도 있는 것이다. 행복한 부부는 갈등이 없는 게 아니라 서로 긍정적인 반응으로 잘 극복해 나가는 것이다.

상담 : 여기 연필을 한 자루 마음대로 골라 쥐시고, 이름과 생년월일, 가족사항을 적어 보세요.

여자 : 지금요? 아니면 친정식구 어느 것을 쓸까요?

상담 : 본인이 쓰고 싶은 것을 쓰세요. 정해진 것은 없습니다. 본인 생각에, 본인 기준에 가족이라고 생각되는 것을 쓰면 됩니다. 나는 '이게 가족이야'라는 개념이 들어가면 됩니다. 그냥 편하게 본인의 기준에서 하시면 됩니다. 어떤 사람은 강아지도 가족이라고 씁니다.

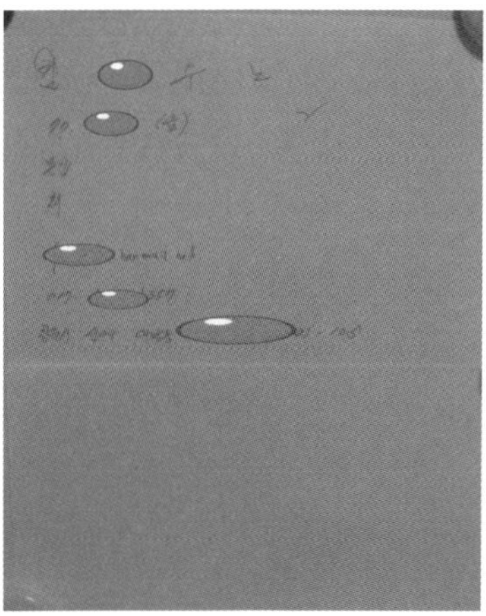

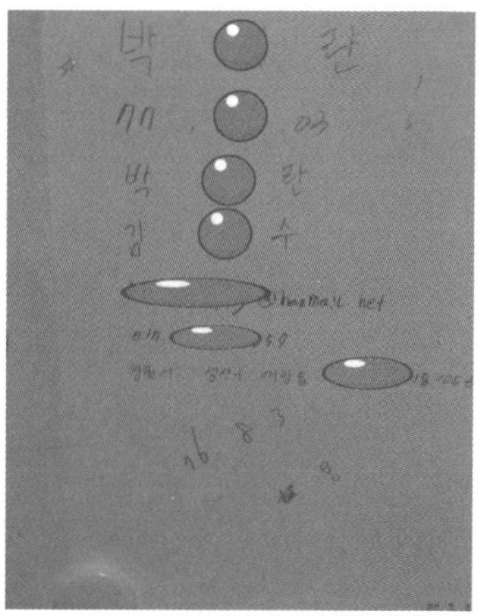

여자 : 이름을 쓸까요?

상담 : 이름을 쓰셔도 되고, 호칭을 쓰셔도 됩니다. 그리고 혹시 이메일 주소 있으면 쓰시고 또 개인연락처와 주소를 쓰세요.

상담 : 본인이 적은 이 글만 분석해 보면, 남편이 부인을 더 많이 사랑하네요. 그렇죠? 남편 분은 아버님이 뭘 하시는 분이세요?

남자 : 농사

상담 : 농사지으셨어요? 본인은 아버님이 살아오신 과정을 아시잖아요. 그걸 보시면 어떤 느낌이 드세요?

남자 : 제가 아버지의 삶을 많이 닮았어요.

상담 : 특히 닮은 부분은 보여지는 부분이 아주 많이 닮으셨을 겁니다. 살아온 패턴이라든지, 행동이라든지, 많이 닮으셨어요. 하시는 일은 몸을 움직이는 일이세요?

남자 : 지금 그냥 회사 다녀요. 반 사무직입니다.

상담 : 우선, 본인이 적은 글만 보고 분석을 해 드리겠습니다. 앞으로는 반 사무직이 아닌 현장직으로 바뀔 것 같습니다. 죄송한데, 본인은 조금 집착하는 형태이군요. 삶이 살아가는 과정에서 집착하게 만들어졌네요. 환경이 그렇게 만들었습니다. 본인은 외로운 것을 잘 감당하지 못하네요. 그래서 혼자 남겨진다는 것에 대하여 두려움을 갖고 있습니다. 그걸 가지고 있다고 분석이 됩니다. 어떠세요?

남자 : 네, 그런 것 같습니다.

상담 : 두 분 다 인정의 욕구가 상당히 강합니다. 그리고 서로에 대해 제대로 모르고 있습니다. 남편도 부인을 잘 모르고 부인도 남편을 제대로 잘 모르고 있습니다. 두 사람 다 제대로 볼 줄을 모른다고 읽혀집니다. 앞으로 일을 하거나 돈을 벌거나, 사업을 하거나 할 경우 부인의 에너지가 훨씬 크다고 분석되어집니다. 두 분 다 죄송하지만 만난 지 얼마나 되었어요?

여자 : 17년?

남자 : 처음 만난 게 그렇고.

상담 : 중간에 공백이 있으셨죠?

남자 : 아니요,

여자 : 어떤 공백을 말하시는 거죠?

상담 : 공백이 없으셨어요?

여자 : 공백이 아니고, 작년 9월 달부터 거의 별거 비슷하게 했거든요. 그때 법원 가서 도장까지 찍고 왔으니까요. 이혼서류는 아직 정리하지 않았습니다.

상담 : 두 분이 정말 사랑하는데 왜 헤어지려고 했어요? 두 분이 정말 사랑하는데, 사실은 부인도 남편 분을 많이 사랑해요.

여자 : (희죽 웃으며) 그런가요?

상담 : 그런데, 헤어질 수밖에 없는 상황이었어요. 두 분

의 글을 분석해 보면 아주 외로움을 많이 타요. 사랑받는 것을 아주 좋아해요. 두 분 다 서로 사랑을 원해요. 죄송하지만, 남편 분은 여성스러운 성향이 있어요. 잘 삐지시지 않으세요? 그렇게 읽혀지네요. 본인이 적은 글이잖아요.

남자 : 잘 삐졌다가 잘 풀리는 편이예요.

상담 : 잘 풀리지만, 뒤끝이 있잖아요?

여자 : 밖에서는 없을 거예요.(밖에서는 없을지 몰라도 집에서는 뒤끝이 있다고 쐐기 박음)

상담 : 아니, 두 분의 경우를 말하는 것입니다. 이 글을 분석해 보면 뒤끝이 있는 것으로 나와요. 그리고 부인은 성격 성향이 리더를 하지 않으면, 스트레스를 받아요.

여자 : 네, 그래요.

상담 : 남성적 기질이 있어요. 그래서 남한테 눌리거나 자신이 남보다 두드러지지 않으면 스트레스를 받아요.

여자 : 직장 다닐 땐 그게 신경이 쓰이니까, '남보다는 내가 잘 해야 된다'는 생각이 있었어요.

상담 : 지금은 같이 계세요?

여자 : 네.

상담 : 그런데, 두 분의 글을 분석해 보면 집이 별로 편하지가 않네요. 두 분 다 그렇게 읽혀지네요.

남자 : 집이 안 편해요.

여자 : 집이라는 게 가정을 말하는 것입니까? 지금 살고 있는 곳이에요?

상담 : 가정이요.

여자 : 그렇죠, 지금은 그렇죠.

상담 : 가정이 항상 불안, 불안하다고 나와요.

여자 : 두 사람이 불편해요.

상담 : 두 사람이 집에만 들어가면 불편해요. 오히려 밖에 있는 게 더 편할 수가 있어요. 아니에요?

여자 : 맞아요. 지금은 그래요. 그래서 이사도 몇 번 했고, 남편도 대놓고 집에 오기 싫다고 몇 번 말했으니까. 그 말도 몇 번 언급했고,....., 집에 오면서 인상 쓰고 오는 게 너무 싫었어요. 가정에 들어오는 거잖아요. 가정 안에 내 강아지도 있고, 마누라도 있는데......, 일을 하고 오니까, 피곤한 건 알아요. 근데 생각의 차이잖아요?

상담 : 이런 스타일로 그 많은 세월을 어떻게 사셨어요?

여자 : 그러게요. 이혼하자고 제가 몇 십번 말했어요.

상담 : 아주 센 여자예요. 본인이 여자치고는 좀 세요.

여자 : 저도 그렇게 느끼고 있어요.

상담 : 그리고 고집도 세고 완강하고, 지는 것을 진짜 싫어하고, 눌리는 것도 아주 싫어해요.

여자 : 20대 때는 더 심했으니까요.

상담 : 그런데 남편께서 부인을 잘 보살피고 도와주셨으면 부인이 돈 벌어서, 다시 말해 부인 덕으로 먹고 살 수 있었어요. 혹시 둘이서 이야기하면, 남편은 본인의 의견에 부딪히는 어떤 부분이 생기면 좀 많이 변명하는 편이세요? 어떠세요? 자신을 자꾸 자꾸 설명하려 들지 않나요?

남자 : 제가요? 글쎄……

여자 : 맞아요. 그것은 분명해요. 그것 때문에 자꾸 싸우게 돼요.

상담 : 자꾸 변명을 하려고 해요. 실질적으로 변명이라는 것은 별 의미가 없어요.

남자 : 아니 그런데, 그걸 변명이라고 받아들이는 것도 변명이지. 변명이라고 느끼는 것도 변명이 아닌가요?

여자 : 이렇게 되는 거예요. '그랬구나!' 하고 내 마음을 한번 읽어 주면 될 것을, '그랬구나' 하면 넘어갈 일도 끊임없이 변명해요.

상담 : 바로 이거예요. 이래서 제가 변명하지 않느냐고 물어 본 거예요?

여자 : 아!, 네.

상담 : '그냥 있는 그대로'를 받아들이면 되거든요. 그런데 거기에 해당되는 것을 꼭 설명해 주려고 하니까 문제가 됩니다. 해명하려고 하지 마세요.

여자 : 내 머리 속에서 생각나는 것을 그대로 그 자리에서 다 말해야 되니까 싸움밖에 안 되는 거예요.

결혼은 제2의 인생이다. 누구나 결혼과 더불어 새로운 인생을 출발하게 된다. 부부는 결혼이라는 형식을 거쳐서 가정을 형성한다. 결혼은 두 사람의 결합만이 아니라 이를 통해 가족과 가문, 더 나아가 사회가 유지된다. 많은 사람들은 이성을 만나 서로 사랑해서 결혼하고, 아이를 낳고 가정을 이루어 나가는 것을 행복으로 가는 길이라고 생각한다. 그러나 행복이라는 것은 부부간의 소통하는 긍정적인 대화가 이루어져야만 가능하다.

부부간의 대화는 서로 말을 주고받아서 정보를 전달하고 의사와 감정을 나눔으로써 배우자와 자신에 대한 이해를 증진시키고, 문제를 효과적으로 해결하기 위해 원만한 인간관계를 만들어 가는 하나의 과정이다. 부부간의 대화는 두 사람의 인격과 감정, 태도를 언어나 비언어로 나타내는 것이다. 나와 배우자를 소중한 존재로 보는 긍정적 자세와 감정의 솔직함, 진실된 태도가 좋은 대화를 이끌어간다.

지금 이 내담자에게 있어서 중요한 것은 대화가 제대로 형성되지 않고 있다. 어떤 문제에 있든 간에 상대가 이야기할 때에는 먼저 인정부터 해주어야 한다. 부부간에 상대를 인정하는 것은 매우 중요한 문제이다. 부인이 뭐라고 이야기하면, 이야기하는 부인의 마음을 들어야 하는데 남편은 자꾸 자기변명부터 먼저 말한다.

부부간의 대화는 상대의 이야기를 제대로 듣지 않고 강요하거나 상대가 말하려는 의도를 미리 지레짐작해서 중단시키거나 무시하는 경우에는 더 이상 대화가 진행되지 않는다. 그러면 말하는 사람이 벌써 눌려버린다. 부인은 '내 마음이 읽히지 않았다고, 내가 말하는 것에 대해 관심이 없다고, 내가 말하는 것에 대해 별 의미를 두지 않는다'고 판단을 하게 되는 것이다. 그럼 서로 거리감이 생겨 차츰 귀문을 닫게 되는 것이다.

그러면서 "나 같은 사람하고 사는 거에 열등감이 있어? 그나마 '나'니까 당신 같은 사람하고 살아주는 거야."라고 비아냥거린다. 상대는 '내가 어때서? 당신은 뭐 잘났나?' 하고 맞받아치게 된다. 그러니까 '됐어요. 이젠 당신하고 이야기 안하겠어.' 하면서도 그래도 부부니까 어쩔 수없이 또 이야기를 하게 된다. 이야기를 다시 시작하지만 또 차단이 되어 버린다. 그게 누적이 되면 이야기를 '안 해야지. 내가 포기해야지.' 하면서 스스로 포기상태로 가는 것이다. 그런데 그 사람의 원 내면(源 內面)은 좋아하니까 쉽게 버려지지도 않는다.

상담 : 무슨 말인지 아시겠어요? 특히 부부간에 살아가면서 무시당하는 느낌이 들면 못 살아요. 남편 분도 부인한테 무시당하면 기분 어때요?

남자 : 받아들이는데……

상담 : 아, 무시하는데도 받아들이셨어요? 그러면 본인한테 문제가 있는 것이 맞아요. 인간이라면 무시당하면 못 삽니다. 누구나 다 똑 같아요. 부인이 무시하는 데도 어떻게 그것을 받아들여요? 의사표현을 해야지.

남자 : 더 이상 큰 싸움을 안 만들려고 그랬죠.

상담 : 그게 더 큰 화근이에요. 그게 문제입니다. 죄송하지만, 부인 이야기를 받아들인 게 아니라 부인 말을 귓등으로 흘려들으셨어요. 무슨 말인지 아시겠어요? 귓등으로 흘려듣고, 본인은 자꾸 논리적인 설명으로 합리화시켰어요. 그러니까 이렇게 깨어지는 것이에요.

부부란 서로에 대한 애정을 공식적으로 표현하는 통로이다. 그러면서 서로의 안정과 행복감의 추구, 인간적 성장 등 개인적이고 정서적으로 안정된 관계를 유지하며 평생을 함께 한다는 의미를 가진다. 정서적으로 안정된 관계를 유지하기 위해 제일 중요한 것은 부부가 서로 제대로 인정해 줄 줄을 알아야 한다.

부부라는 개념은 하나이다. 부부는 하나의 동아줄에 묶여 있다. 원래 인간은 하나, 즉 엄마 아빠의 반반을 닮아 하나가 된다. 하나가 되면서 성숙이라는 단계가 생기고, 이성이라는 판단이 생기는 청소년기에 접어들면서 호르몬 분비가 나누어진다. 아이일 땐 호르몬이 여성, 남성호르몬을 다 가지고 있다. 그런데 청소년기에 접어들면서 2차 성징이 나타나게 되는데, 그때부터는 각자의 호르몬으로 각자의 삶을 강하게 사는 것이다.

남자의 삶은 테스토스테른(testosterone)이라는 호르몬이 많이 분비되면서 남성화가 되고, 여자한테는 에스트로겐(estrogen)이라는 호르몬이 분비되면서 여성화가 되어간다. 그러면서 생리가 시작되고, 남자는 성기와 음모가 많이 발달하고 성대가 발달하면서 크게 바뀌기 시작한다. 1/2인 남자와 1/2인 여자가 만나면 다시 하나가 되고, 그게 결합이고 부부가 되는 것이다. 반 밖에 없는데, 둘이 합쳐야만 하나가 됨에도 불구하고 인간은 태초에 자기가 태어났던 하나의 모양이라고 자꾸 우기는 것이다.

그래서 부부는 톱니바퀴와 같다고 한다. 톱니바퀴는 서로 칼날을 맞대고 붙어 있으면 절대 돌아가지 않는다. 반드시 칼날 사이사이에 맞물려 끼워져 있어야만 제대로 돌아간다. 그래서 부부는 톱니바퀴와 같이 부족한 것과 채우기를 반복하며 살아가는 것이다. 하나가 부족한 게 있으면 하나가 분명히 넘치는 그런 사람을 만나는 게 이치이다. 부족한 것과 채워주기가 맞물려 돌아가는 것이 부부이다.

부부갈등 문제로 심리치료를 원하는 대부분의 사람들은 '나는 하나야, 나는 온전하니까 당신이 내게 100% 숙이고 들어와.' 저마다 이러고 있다. 서로가 이렇게 살아가고 있다. 그러니까 자꾸 갈등이 생기는 것이다. 자기 것이 반이라는 사실을 인정하지 않는다.

예를 들어 우리가 100%의 인간과 100%의 인간이 만나면 200%의 인간이 되어야 한다. 그런데 하나의 완성된 인간에게 있어서 200%라는 개념은 없다. 그러니 100%가 되어야 한다. 그래서 100% 개념은 결혼을 계기로 내 것의 50%를 배우자에게 내어 주어야 한다. 그래서 50%인 남자와 50%인 여자가 만나서 결합하니 100%가 되는 것이다. 이게 신이 만들어 놓은 부부의 수치이다. 그래서 프랭클린은 결혼하기 전에는 두 눈을 크게 뜨고 결혼 후에는 반쯤 감아야 한다고 했다.

그런데 50%인 남자와 50%인 여자가 만나서, 난 남자니까 당신의 역할은 30%만 하고 나머지 20%는 '나에게 줘' 하고 빼앗아 간다. 그래서 남자는 70% 역할을 하고 여자는 30% 역할만 하라고 할 때에, 여자의 입장에서는 내 것을 빼앗아 가는데도 불구하고 처음엔 '네' 하는 것이다. 왜냐하면 사랑하기 때문에 자기를 다 낮춘다. 그런데 언제까지나 자기를 다 낮추고 살아가지는 못한다. 자기를 낮추는 것도 어느 한계에 부딪히면 '두고 봐, 나이 들어서 봐, 늙으면 죽어……' 라고 마음 속에 분노를 쌓아 간다. 그래서 문제가 생기는 것이다.

예전에 비하면 요즘 남자들도 많이 낮추고 살아간다. 여자가 '아니야, 내가 70% 할게. 당신이 30%만 해'라고 한다면, 남자들도 처음엔 낮추어 준다. 왜냐하면 사랑하니까 '네가 원하는 거 다해 줄게'라고 한다. 그래서 다 해준다. 그런데 그게 오래 가지 않는다. 왜, 자기가 없어지기 때문이다.

더 이상은 낮춰지지 않는다. 그때부터 사람은 공허하기 시작한다. 공허하니까 외로워진다. 부부간에는 절대로 자기만 내세우면 안 된다. 부부간에는 일방적으로 희생만 강요해서도 안 된다.

내담자가 좀 심각하다고 느껴지는 것은 둘 다 인정의 욕구가 매우 강하다. 또 내담자가 서로 싸우는 것은 대화에 자기 생각을 집어 넣기 때문이다. 인간관계에서 자기 생각을 먼저 하게 되면 소통이 되지 않는다. 먼저 제안하는 사람의 말을 들어주는 습관을 길들이야 한다. 먼저 들어 줄 생각은 하지 않고, 자기 생각을 먼저 말하려고 하기 때문에 갈등이 일어난다.

우리는 상대가 먼저 말을 할 때는 그 사람 말을 먼저 읽어 주고, 그 사람의 이야기를 다 들어준 다음에 자기의 느낌만 말하면 된다. 그 사람이 도움을 요청할 때에 '나는 그게 그렇게 생각돼'라고 답을 주면 된다. 그런데 문제는 도움은 하나도 요청한 게 없고, 단지 들어 달라는 것이다. 내 이야기를 들어 달라는 것뿐인데 굳이 답을 주려고 하니까 부부간에 문제가 된다. 상대는 답을 원한 적이 없다.

예를 들어 남편이 직장에서 하루 종일 힘들게 일하고 집에 들어오면 그냥 '힘들었다'는 것만 알아달라는 것뿐이다. 그런데 힘들다고 하는데 '너만 힘드냐'고 하거나 아니면 '그래서? 어떡할 건데?' 하는 식으로 말해 버리면 싸움이 될 수밖에 없다. 그냥 '하루 종일 고생했다.' 그것 한 가지만 읽어

주고 인정해 주면 된다. 그리고 나서 나도 집에서 '당신 기다리며 외롭고 쓸쓸하고 힘들었다. 나는 당신 많이 기다렸다.' 그래서 '난 당신하고 있는 시간이 많이 필요해.' 하고 이야기해 주는 것이다. 그러면 상대는 '아, 당신 나를 기다렸구나, 보고 싶었구나, 아이구 그랬구나.', 이제 내가 왔으니 '재미있게 놀자든지, 같이 있자든지, 맛 있는 거 많이 해먹자'든지, 그렇게 말하면 된다.

그런데 부인이 외롭다고 하는데, '여자들이 다 그렇지 뭐' 식으로 반응해 버리면 부인은 스트레스를 받게 되는 것이다. 사소한 불평이나 불만, 말다툼이 나중에는 심각한 부부갈등으로 확대되기 때문이다. 부부간에 의사소통하는 데 있어서 이런 게 문제이다. 큰 것도 아닌 아주 사소한 것이다. 그런데 사소한 걸 가지고 자꾸 감정적으로 대립된다. 감정적으로 가야 할 일이 하나도 없다. 대부분의 부부갈등은 어떤 일, 어떤 사건 때문이 아니라 아주 사소한 것이 누적되어 문제가 된 것이다. 상대의 말을 들어 줄 생각은 안하고, 자꾸 자기 생각을 이야기하려고 하기 때문이다. 다시 말해 상대에 대한 배려심이 부족하여 자기 생각만 주장한다.

상담 : 두 분은 어떤 사건이나 일 때문에 문제가 생겼나요?

여자 : 많아요. 뭐, 지난 얘기 다시 다 들추라구요?

상담 : 뭐, 한번 해보세요.

여자 : 근데, 제 입장에선요, 지금 선생님이 하시는 말씀

은 살면서 다 얘기했거든요? 가령 건강을 위해 운동을 하자고 제의하면 반론만 하는 거예요. 그럼 '시간도 없고.... 하면서' 화를 내요. 그러면 나는 신경질 나기 시작해요. '내가 하는 말에 왜 말을 그렇게만 하느냐?'고 하면 '그만하자'고 말하며 일주일 뒤에 또 하게 되고 그게 쳇바퀴 도는 것처럼 자꾸 돌면서 십 몇 년을 살아온 거예요. 그래서 제가 그랬어요. '내 말은 한쪽 귀로 듣고 한쪽으로 흘렸냐?'고.

상담 : 그럼 남편 분, 왜 똑같은 얘기를 자꾸 반복해서 하게 됐죠?

남자 : 집에 들어오면 힘드니까.(허허)

여자 : 저도 2009년까지는 일을 했거든요.

상담 : 밖에서 활동하고 집에 들어오면 힘드니까, 집에 들어오면 자기가 편하고 싶다는 거죠.

남자 : 집에서라도 좀 편하게 쉬고 싶죠.

상담 : 그렇죠? 집은 내가 쉴 수 있는 공간이니까 그럴 수도 있어요.

전통적으로 가정이라는 개념을 이치적으로 보면, 남편이 기둥을 세우는 것이고, 부인은 울타리를 치고 그 안에서만 활동하길 바랐었다. 그게 부인의 마음이었다. 그런데 부인이 울타리를 치기 위해는 남편이 이 집의 기둥을 튼튼하게 세워주어야 한다. 문제는 이 기둥이 반듯하게 서 있지 않고 기울어져 있거나 자꾸 흔들리면 부인은 어디에 울타리를 쳐야 될지 혼란스럽다. 왜냐하면 부인이 여기에 울타리를 이렇게 치고 싶은데, 남편이 다른 곳에 가서 기둥을 세워버리면 여기에 울타리를 치고 싶어도 칠 수가 없다. 남편이 튼튼한 기둥을 먼저 세워주어야 부인이 아름다운 울타리를 치는 것이다. 그래서 부부라는 건, 남편이 리더이고 부인이 따라 가는 게 바로 그런 이유이다. 부인은 일부러 가정을 흔들고 싶어 하지 않는다.

남편의 근원은 어려서부터 본가(本家)라는 이 울타리 안에 언제나 계속 있었다. 그러나 부인은 원래 이 울타리(시집) 안에 없었다. 다른 울타리 안(친정)에만 있다가 뿌리째 뽑아서 여기(시집)에 왔는데, 이젠 여기에 터전을 내려야 한다. 문제는 남편이라는 기둥이 중심을 못 잡으니까, 부인이 어디에 뿌리를 심어야 될지 혼란스러운 것이다. 부인에게 안정을 주는 건 남편의 몫이다. 안정적인 가정을 만들어 주면 그 안에서 꾸려나가고 가정이 원활히 돌아가게끔 하는 리더 역할은 부인이 해야 한다. 그게 기본적인 부부의 역할이었다. 그런데 부부갈등을 겪고 있는 많은 사람들은 서로 각자의 것을 세우고 있다. 그러니까 항상 등을 지고 있는 것이다.

불교에서는 부부는 전생에 원수였다고 한다. 그만큼 부부는 인연이 크다는 것이다. 인간으로서 사는 몇 십억 겁의 인연이어야 부부가 된다고 한다. 1겁이라는 건 정사각형 1m되는 바위를 선녀가 1년에 한번씩 내려와 그 선녀의 옷깃으로 닦아서 완전히 소멸시키는 걸 1겁이라고 한다. 수십억 겁인데...... 그 얼마나 수 없이 많은 날이겠는가. 부부는 그런 인연이다. 그런데 어떻게 그 소중한 인연을 두고 원수처럼 갈등하면서 살아가려고 하는가. 한번 떠난 기차는 다시 오지 않는 법이다. 부부 역시 마찬가지이다. 부부는 정말 소중한 사람끼리 만나고, 반드시 필요한 사람끼리 만나는 것이다. 단지 내담자의 문제는 아직 서로의 존재에 대해서 필요함을 제대로 찾지 못한 것이다.

그리고 또 문제는 두 분이 정말 잘 맞는데, 상대를 '봐주기'보다는 자기 것만 먼저 찾으려고 한다. 그것은 둘 다 외롭다보니까, '나부터 자꾸 먼저 봐주기를 바라는 것' 때문이다. 서로가 '내 마음부터 읽어 달라'는 것이다. 한번만 낮추면 그 다음부터 그저 순탄하게 돌아가는데, 톱니바퀴가 계속 부딪히면서 돌아가는 것이다. '톱니바퀴가 서로 눌리기 싫으니까 마모가 되고, 마모는 마찰이 되는 것이다. 그러니 멀리 못가서 마찰이 일어나고 또 멀리 못가서 마찰이 일어나 삐그덕 삐그덕 거리며 돌아갈 수밖에 없다. 그러니까 인생이 선순환이 아닌 악순환으로 가 버린다. 삐그덕 삐그덕하다가 반대로 가는 것이다. 인생, 삶이라는 건 시계방향으로 돌아가는 것을 선순환이라고 하고 반대로 돌아가는 것을 악순환이라고 한다.

사람은 나이가 먹어가는 건 쉽지만 나이가 거꾸로 먹어가는 것을 심리학에서는 퇴행이라고 한다. 그게 악순환이다. 퇴행이라는 건 어른이 아이가 되어 가는 것이다. 예를 들면 치매 같은 것을 퇴행이라고 한다. 악순환이다. 치매 환자 중에 부드러운 사람이 거의 없다. 거의 공격적인 성향이다. 악순환이기 때문이다. 부부는 원래 선순환으로 가야 하는 것이다.

상담 : 두 분이 처음 만났을 때 느낌이 어땠는지. 처음 남편을 만났을 때 느낌이 어땠어요?

여자 : 기억이 안 나요

상담 : 기억도 없죠? 너무 많이 아파서 기억조차 안하고 싶겠지요. 그러니 저 멀리 밀어 넣어버리고 싶었겠지요. 그래서 내면 깊숙이 억압해 버렸겠죠? 처음 부인 만났을 때 기억하세요?

남자 : 기억하죠. 당연히.

상담 : 그래요? 어땠어요? 느낌이

남자 : 느낌이요. 글쎄요. '귀여웠다'고 해야 하나.

상담 : 그렇죠? 성향이 1번 기질이니까 귀엽고 나름대로 통통 튀는 맛도 있었죠? 그런데도 그게 좋았죠? 그러니까 계속 만났겠죠. 듣고 보니 부인은 남편이 어땠어요?

여자 : 말하기 싫어요.

상담 : 지금 말하면 내가 상(傷)할 것 같아요?

여자 : 그냥 이렇게 말하는 것도 기분 나빠요. 작년에도 이렇게 싸울 때 형부가 분명히 말했거든요, 이렇게 싸우지 마라고. 연애할 때 기분을 생각해 보고 그 기분 살려 보자고도 했었고......, 선생님이 하신 말씀 비슷하게 했어요. 우리가 늘 이렇게 투닥투닥 거리며 싸우니까, 형부가 그렇게 말했어요. 근데, 듣지도 않았어요. 그래서 전 그런 말하기 싫어요. 그런 말을 듣지도 않았는데, 기억이 없어요. 솔직히......

상담 : 그래도 한번 좀 해 보시면 좋겠는데....., 이혼서류를 제출한 상태인데, 왜 지금은 같이 살아요?

여자 : 이 사람이 권해서 상담을 왔다고 했지만, 몇 년 전부터 내가 먼저 상담해 보자고 했거든요. 내가 느끼기에는 그렇게 생각하거든요. 내 말에 신경을

별로 쓰지 않는다는 생각, 내 말은 듣지도 않는다는 생각……

상담 : 겉으로만 듣는다는 말씀이죠?

여자 : 선생님이 말씀하신 것처럼 발악을 해서 싸우며 이야기 했었습니다. 똑같이 한쪽 귀로 듣고 한쪽 귀로 나가버리니까, '나는 바빠서, 시간이 없어서…….' 이렇게 줄줄 나오는 거죠. 끝내 싸우기만 하는 거니까, 미친년이라고 보이겠죠. 그러니까 '정신과 가봐라' 이렇게 되는 거예요. 저도 솔직히 성격이 살갑지는 않아요. 이 사람은 제가 '미안해요. 여보' 이런 적이 없다고 느낄 거예요. 근데 전 십 몇 년을 보면서 제 나름대로 상처받은 일들을 이렇게 쓰다듬어 준 적이 없었거든요? 그래서 그 말도 했고. '나는 그냥 나이 많은 사람 만나서 살고 싶다'고 했는데, 그때 기분이 나빠진 거예요. '왜 내가 그런 말을 하는지? 내가 한 말을 좀 생각해 보라'고까지 했어요.

상담 : 남편은 왜 부인이랑 같이 살아요?

여자 : 저도 그게 진짜 궁금해요. '나는 당신을 정말 모르겠다'고도 했습니다. 저는 선생님이 말씀하신 것처럼 말도 했었고, 대외적으로 남한테는 잘하니까 '남한테 하는 것처럼만 저한테 해주면 좋겠다'고도 말도 했어요.

상담 : 남이 아니니까 그랬겠죠? 그렇죠?

여자 : 남이 아닌데 왜 나를 힘들게 하느냐고요? 그래서 나는 그걸 못 견디겠어요. 싸울 때마다 험악해지고.

상담 : 제가 보건데, 남편의 입장에서는 부인이니까 그렇게 할 수 있다고 생각했었겠죠? 부인은 '내 것'이라고 생각했으니까, 내 것은 '내 맘대로 해도 된다'고 생각을 했을 테니까요. 남편 분은 왜 같이 살아요?

남자 : 저는 이혼할 생각은 그다지 없었어요.

상담 : 그런데 왜 이혼 도장을 찍었어요.

남자 : 하도 이혼하자 하니까 찍게 된 거지. 계속 그러니까 그게 바라는 거라면 '보내줘야 되겠다' 그런 마음이었지요.

상담 : 그럼 따로 살아봤어요?

여자 : 따로 살았죠.

상담 : 그럼 따로 살면서 어떤 느낌이었어요?

남자 : 그냥 인생 서글프다. 저희들이 만난 지 16년. 같이 살다가 저도 막내라 보니까 촌에서 형님이 결혼을 못한 상태라서....

상담 : 결혼을 조금 미루었고요.

남자 : 예.

여자 : 그 동안에 내가 받은 상처는 생각 못하고 있어요.

남자 : 살아온 그런 세월이 너무 아깝다는 생각이 많이

들죠..... 그리고 자꾸 말하는데 끼어들고 이렇게 하니까... 옆에서 '칫! 칫!' 하는 것이 있는데...

여자 : '칫칫'은 안 했다.

남자 : 허허.

상담 : 편한 대로 말씀하세요.

남자 : 이럴 땐 나도 마음의 문을 닫고 싶어요.

상담 : 말하는데 부인이 자꾸 끼어들고 '체!, 체!' 하니까 무시하는 거 같죠? 완전히 내 말이 발바닥이라는 느낌이 들죠?

남자 : 네, 표현하자면. 뭐,.....

상담 : 네, 그렇게 느껴지죠? 그것처럼 부인의 입장에서는 내 말을 귀등으로 듣는 것과 똑같은 기분이에요. 부인도 그래요. 내말을 한 번도 제대로 새겨듣지 않았다는 느낌이 들면 이렇게 밟혔다는 느낌이 들어요.

남자 : 계속 그렇게 생각하는 것도 좀 그렇잖아요.

상담 : 아니요, 두 분이 여기까지 올 정도 같으면, 오죽했으면 좋은 기억을 말 안하고 싶어 할까요?

남자 : 그게 뒤끝이 있는 거잖아요

상담 : 그런데 사람이 감정이 상했는데 어떻게 뒤끝이 없어요? 뒤끝 있는 게 정상이죠. 그럼 사람속이 아니에요. 툭 털어집니까?

남자 : 저는 그렇게 하는데......

상담 : 툭 털어지는 게 아니라 남편 분은 대충 들으니까 그래요. '그래, 니는 니 혼자 그래라.' 이렇게 들으니 그렇죠.

부부라는 개념은 예를 들어 내가 '자기야 아파' 이렇게 이야기하면 배우자가 더 아픈 것처럼 느껴지는 것이다. 내가 상처를 입어 아픈데 배우자가 더 아픔을 느끼는 게 부부이다. 내가 손가락에 '피가 나' 하면 배우자는 발을 동동 구르면서 '어~! 어쩌나' 하고 해 줄 수 있어야 한다. '괜찮아. 괜찮아. 내가 괜찮아'라고 할 때까지 더 아파하는 것처럼 느껴지는 게 부부이다. 사랑하는 부부는 그렇다. 넘어져서 손바닥에 피가 나면 '어떡해~!' 하고 그럴 줄 아는 사람이 진정으로 사랑하는 부부이다. 남편이 다쳐서 아프면 부인이 더 아픈 것처럼 느끼듯이, 부인이 '자기야, 나 아파' 하면 남편이 마치 정신을 잃을 듯한 느낌과 같은 원리이다. 그런 게 가족이고 사랑이고 부부이다.

그런데 내담자는 지금까지 '나 아파'하는데, '그것 가지고 뭘 그래?' 이렇게 말하는 것과 똑같은 것이다. 지금까지 그런 식으로 살았다. 그러니까 '나는 아파 죽겠어. 가슴이 터지겠어' 해도 아픈 것은 당신 몫이니까 '당신이 감당해'라는 식으로 떠 맡겨버렸다. 그것이 본인의 문제이면 본인이 해결할 수 있다. 그런데 남편으로부터 받은 상처이다. 그러니까 상처가 자꾸 깊어진다.

부인의 가슴 속에는 남편이라고 하는 작은 방이 하나 있다. 그러나 화가 많이 나거나 가슴이 허전해지기 시작하면 남편에게 자기 가슴 속에서 방을 '빼'라고 한다. 그 동안 부인의 가슴 속에 밀린 월세를 제때 지불하지 않았기 때문이다.

남자 : 요즘도 싸우고 나면 자꾸 집을 나가라 그래요. 지금도 집에 안 있어요. 지금 다른 데서 살아요.

상담 : '나가라 한다'는 거죠?

남자 : 그리고 전 그래요. 이혼하고 싶다면 정말로 여기서 준비를 하면 되잖아요. 소송을 하든 어떻게 하든……, 그런데 그걸 자꾸 말만 하는 거예요.

이혼하자. 이혼하자. 저는 그게 엄청난 스트레스 입니다.

상담 : 남편 분은 여자를 진짜 너무 몰라요.

여자 : 알려고 하질 않아요.

상담 : 그런데 막내라고 하셨죠?

남자 : 네, 그것도 어떻게 보면 빙빙 둘러서 말하잖아요? 저도 눈치가 없는 건 아닌데, 눈치로 표현할 수도 있는데, 가족인데 왜 그렇게 표현해야 되요?

상담 : 자, 이혼을 하고 싶으면 부인이 이혼을 신청하면 되지 왜 남편보고 이혼하자고 말하겠어요? 이혼하고 싶은 만큼 지금 외롭고 힘드니까 그것을 알아 달라는 거잖아요.

남자 : 자주 달달달 볶아요.

상담 : 못 알아주니까 볶을 수밖에 없지요. 참 안타깝다는 생각이 드는 데요. 지금 이것은 부인이 그만큼 남편을 사랑했기 때문에, 자기가 사랑한 만큼 너무 아프다는 얘기예요. '내 아픈 거 알아 달라, 읽어 달라' 이거예요. 진짜 이혼하고 싶은 개념이 아니었어요. 가슴 속에서는 진짜로 이혼하고 싶은 개념은 없었어요. 어쩌면 이제는 진짜로 이혼하고 싶을 거예요. 진짜 이혼하고 싶다는 말은, 절대 대놓고 이혼하고 싶다고 말 안 해요. 바로 가서 소송을 하던지 이혼서류에 '도장 찍어'라고 하지. 자

꾸 그렇게 말하는 것은 이혼하고 싶을 만큼, 당신이 더 미워지기 전에 차라리 헤어지자는......, 그런 것을 말하는데 진짜로 이혼하자는 것이 아니었어요. 그만큼 힘들다는 것입니다. 왜 그 마음을 몰라요? 우리가 제일 무서운 건 칼 들고 찌르는 것보다 찌를까 말까 칼로 위협하는 게 더 무서운 거예요.

여자 : 칼 들고 설치니까 진짜 그런 마음 들더라고요.

상담 : 제가 보기엔 두 분이 너무 모양이 똑같은 사람끼리 만났어요. 같은 모양을 하고 있는데, 부인이 남자 기질이에요. 그래서 더 눌리기 싫은 거예요. 강한 기질이니까요. 근데 (눌리는 것까지는 그래도 부인이 이해한다고 해도) 남편은 부인을 무시했어요. 그게 하루 이틀에 쌓인 게 아니란 거예요. 그런데 남편이 참 어리석은 것은 부인이 이혼하고 싶다는 것은 진짜 이혼을 원하는 게 아니에요. 정말 '나 당신이랑 제대로 잘살고 싶은데, 내 마음이 당신으로 인해서 힘들어요. 그걸 알아주세요.'라는 거예요. 그것 하나만 해달라고 하는데, 그게 어려운가요? 그리고 죄송한데요. 부인은 부드러운 게 없어요. 그러니 부정적인 감정을 조절하지 못하고 즉각적으로 표현해 버린 거예요.

여자 : 알고 있어요.

상담 : 남자는 대개 부드럽고, 쉽게 말해서 연한 걸 좋아해요.

여자 : 그래서 부드러운 여자 찾아가라고, 이혼하자고 했어요. 그런데 소송 걸어라 하잖아요.

상담 : 그건 진짜 싸우자는 거잖아요. '그런 여자가 필요하면 찾아가라' 하면 그것은 싸우자고 하는 말이잖아요. 진짜 이혼이 아니고요.

여자 : 그래서 그런 여자 만나나? 부드러운 사람 만나고 싶어서 나가면 다 부드럽게 해주나?

상담 : 여자 친구 있으세요?

남자 : 예? 없죠

상담 : 없다는데요?

여자 : 나는 가만히 있는데 여자들이 '달라붙는다' 뭐 이런 거겠죠. 나는 가만히 있는데 '사랑한다고 문자오고, 집으로 전화오고. 나는 모른다 하면 그만이다. 나는 이미 기분이 상해 있는데......', 결백할 수 있다는 것도 인정, 인정이 아니라 이해할 수 있어요. 근데 상황이 벌어졌기 때문에 전 상처를 받았다고요. '나는 아니다. 나는 아니다' 하면 저 사람은 끝이에요. 나는 상처를 받았는데, 보상이 아니라 난 치유를 받고 싶은데 '나는 아니다'고 하면, 나는 혼자 미치는 거예요. 혼자 온갖 상상 다하게 되고....

상담 : 그런 문자 온 적이 있습니까?

여자 : 제가 직접 봤습니다. 제가 대놓고 그랬어요. 기독교를 믿어서 '○○씨 사랑합니다'고 어떤 여자가 문자를 넣었데요. 어떤 미친 여자가 그것도 유부녀가 기독교 믿는다고 '○○씨 오늘 고생했고 사랑한다'고 문자로 보내느냐고요?

상담 : 그런 적 있습니까?

남자 : 저요? 아니요.

상담 : 그런데 그 여자 분이 보냈다면서요.

여자 : 그것까진 괜찮아요. 근데 나가서 집에서 노발대발 싸운 걸 그대로 말해서 오해했다고 저한테 전화오게까지 했어요. 제 기분 어땠겠어요? 부부가 있었던 일을 그대로 가서 얘기했어요. 자기가 결백하다는 생각이겠지요. 이해요? 그런데 그 상황이 화를 나게 만든 거예요. 저는 그 상황이 열을 받게 했어요.

상담 : 두 분은 닭이냐 계란이냐 하는 것과 똑같은데요. 서로에 대해 알아가는 느낌이 전혀 안 들어요. 제가 보는 관점에서는 자기 주장만 강해요. 한 번도 상대 입장을 들어 주지 않아요.

여자 : 저도 그렇다고 생각해요.

상담 : 두 분은 제일 먼저 내 표현을 줄이세요. 지금부터 내 표현은 하지 말고 상대 입장을 들어주는 것을

연습 하세요. 정말 두 분이 예전에 처음 사랑하는 마음으로 돌아가기엔 너무 멀리 왔는데, 일단 돌아가시는데 시간이 걸릴 거예요. 일단 지금 제일 중요한 것은 '자기생각 안 나타내기, 상대방 이야기만 들어주기, 단정적인 말과 부정적인 말을 함부로 하지 말기'입니다.

또 수용하는데, 일단 그것을 들어주세요. 상대가 얼마나 아픈지? 상대가 아프다면 들어주고 그것부터 느껴 보세요. 일단 그것부터 좀 하세요. 그러지 않으면 아무 변화가 없어요. 지금은 다른 것은 아무것도 필요 없어요. 상대방 이야기 들어주는 것부터 좀 하세요.

여자 : 얼굴 보는 것도 힘들어 죽겠는데요.

상담 : 그래도 이야기는 하시잖아요?

여자 : 뒤통수만 봐도 화가 나는데요.

상담 : 그럴 수도 있어요. 그럼 화가 왜 나는 것 같아요? 남편을 향해서 화가 난다는 것이잖아요. 화하고 동반해서 나오는 게 뭔지 아세요? 사랑이 바로 따라 나와요.

여자 : 아!

상담 : 남편을 사랑하기 때문에 화가 나는 거예요. 화 뒤에는 사랑이 있어요. 내가 사랑하지 않으면, 이 사람과 연관이 없으면 화가 나지 않아요. 화가 일어

날 수가 없어요.

여자 : 작년에는 안 그랬는데 올해는 완전히……, 자고 있으면 목을 조르고 싶어요. 그런 심정이에요.

상담 : 그만큼 남자에 대한 기대가 있기 때문이에요.

여자 : 숨 쉬는 것도 꼴 보기 싫어요.

상담 : 예, 예, 맞아요. 그래서 그런 것이 맞아요.

여자 : 지금 이렇게 쳐다보는 것도 싫어요. 미치겠어요.

상담 : 그래요? 소름끼치지요. 그런데 남편이 나랑 무관하다면 사랑을 하든 말든 무슨 상관입니까? 그렇죠?

여자 : 지금 그런다면 박수 보내 줄 수 있어요. '이혼할 수 있겠구나' 제가 솔직히 그랬어요. 그랬으면 좋겠다고. 난 더럽고 치사하니까 그렇게 못하겠다고. 그런 마음

상담 : 이혼을 하긴 할 건데 서로가 먼저 해주길 바라는 것이에요?

여자 : 저는 좋게 협의이혼을 하자고 했어요. 근데 '그게 안 된다'잖아요.

상담 : 남편은 이혼 안하고 싶은 거예요?

여자 : 아니에요. 그렇게 말했어요. 왜 내가 협의이혼 해야 되냐고 그랬어요. 하려면 저보고 하라고요.

상담 : 그러니까 안하고 싶다는 이야기잖아요.

여자 : 안하고 싶다고요? 저는 그렇게 느끼지 않았어요. 저는 선생님과 같은 전문가가 아니라서……

상담 : 남편은 그렇게 생각을 하지 않을 수도 있어요. 본인이 감정표현을 강하게 하듯이 남편도 거기에 대해서 자기표현을 속에 숨기고 할 수도 있어요.

여자 : 좋아하지도 않아. 남편 노릇도 안 해. 가장 역할도 없어. 내가 하숙생을 데리고 있는 느낌에 이혼하자고 하면, 자기는 안 하겠대요. 남들이 보는 눈 때문에 창피해서? 그럼 저는 더 화가 나는 거예요. 작년에도 그런 일이 있었으면 저는 최소한 더 많이 달라져야 된다고 생각하거든요. 그리고 그때도 분명이 상담이야기를 했었고, 내 혼자 발버둥을 치고.

상담 : 지금은 계속 따로 있어요?

여자 : 형님 집에 있어요.

상담 : 그건 옳지 않아요.

여자 : 거기서도 다 알고 있어요.

상담 : 알아도 그렇죠. 두 사람이 인연을 맺고 그리고 두 사람의 이혼은 두 사람 몫이잖아요. 두 사람으로 인해서 주위 사람들에게 영향을 미치는 것은 옳지 않아요. 일단 집으로 가셔서 두 사람이 지금 현재는 등을 대고 자더라도 일단은 집에서 같이 자세요. 이혼서류에 도장을 찍고 완전히 갈라지기 전에는 일단 집에 들어가서 서로 이야기를 들어주세요. 중요한 것은 이번 주는 무슨 일이 있어도 자기표현을 하지 않고 듣는 것만 하세요. 한번 해보

세요. 하실 수 있겠어요?

여자 : 말을 안 할 것 같아요.

상담 : 자기표현은 접고 상대 얘기를 먼저 들어보세요. 자, 지금까지 안 됐었으니까 여기까지 왔잖아요. 두 분 다 정말 좋은 모양으로 예쁘게 살고 싶잖아요. 그래서 여기까지 찾아 왔잖아요. 예뻐지고 싶으면 그러면 처방전대로 하셔야죠.

환자가 의사 처방을 무시하면 병이 낫지 않는다. 마찬가지로 처음에는 힘들겠지만, 부부갈등을 겪고 있는 경우 치료자의 처방전대로 행동하여야 치료가 된다. 자기 의지가 없으면 치료가 안 된다. 자기를 자제하더라도 이유 불문하고 일단 그냥 상대의 이야기를 들어주어야 한다.

그리고 무슨 일이 있어도 내 표현을 하지 말고 상대의 이야기를 듣기만 하여야 한다. 상대가 거기에 대해서 딱 한 가지 답을 원한다면, 한 가지 답만 하면 된다. 답은 주는데, 선택권은 그 상대에게 주어야 한다. 부부의 긍정적인 대화기법은 원활한 가정문화를 만들고 나아가 자녀의 인격형성과 대인관계에 크게 영향을 미친다.

상담 : 두 분 아시겠어요? 그것을 다음 주 확인하고 그 결과를 가지고 다른 치료방법이 나가고 처방전이 나갈 거예요. 지금 많이 악화되어 있어요. 일단 연습하세요. 연습하지 않으면 여기 온 이유가 없

으니까요. 그래서 다음 주 오실 때까지 처방전대로 숙제를 해 오셔야 합니다. 여기서 처방된 숙제는 병원의 약 처방과 같은 효과가 있으니 빨리 치료가 되고 싶다면 반드시 이행하리라 믿습니다. 처방대로 숙제를 하지 않을 것 같으면 여기에 올 이유도 없고 다시 오지 않아도 됩니다. 알겠어요.

둘째 마당

무거운 짐을 지다

2. 무거운 짐을 지다

상담 : 두 분은 생각하는 것도 똑같고, 시각적인 것도 그렇고 다 똑같아요. 부인은 남편의 어떤 모습을 보고 결혼하셨어요?

여자 : 저는 첫 남자이기 때문에 당연히 결혼해야 된다고 생각했어요.

상담 : 그러니까 내가 아는 기준에서 여자는 처음 관계를 했고, 처음 사랑을 느꼈기 때문에 결혼해야 된다고 생각을 한 건가요?

여자 : 네. 당연히 그렇게 생각했어요.

상담 : 그럼 남편은 어떻게 결혼해야겠다고 생각하셨어요? 프로포즈는 하셨을 거잖아요.

여자 : 안 했어요.

상담 : 그럼, 결혼 프로포즈도 안 하고 어떻게 했어요?

여자 : 그냥 당연하다고 생각했겠죠. 살면서도 수 없이 얘기를 해줘도 그런 것 같습니다. '당신을 사랑합니다.'라고 하는 것이 프로포즈라고 생각하는 거겠죠. 돈이 없어서요? 돈 있을 때도 똑같았어요.

상담 : 죄송한데 두 분 정식 결혼하셨어요?

남자 : 네.

여자 : 2006년에 했어요.

상담 : 아, 그럼 살다가 하셨네요.

여자 : 그것도 우여곡절이 많습니다. 우리 둘 다 막내고, 엄청나게 보수적인 시댁어른들에 의해서 '애도 낳으면 안 된다. 집도 사면 안 된다. 결혼도 형님보다 먼저 하면 안 된다.' 그래서 임신했던 애기도 지우고……,

상담 : 근데, 지금은 애가 안 들어서잖아요?

여자 : 관계를 안 하니까 안 들어서죠, 뭐가 좋아서 관계를 하겠습니까? 옆에 숨소리도 듣기 싫어서. 상담이 되는지 모르겠지만……, 이 사람도 할 말은 있겠죠. 일이 이렇게 악화되기 전에도 저희는 관계가 없었습니다.

상담 : 왜 그렇죠?

여자 : 힘들다는 이유로? 애가 생기면 안 된다는 이유로?

상담 : 부인이랑 같이 사시는 이상 남녀 간에 관계에 있어서는......, 부부가 왜 같이 사는지 아세요? 부부가 왜 같이 산다고 생각하세요?

남자 : 동반자?

상담 : 동반자요? 친구도 동반자잖아요. 부부가 인생을 그냥 동반자로 사는 것은 나이가 들어서 무력해지면 그렇게 살수도 있어요. 근데 젊은 나이에는 그렇게 생각할 수 없을뿐더러 그렇게 살아서는 안 되는 것입니다.

남자, 여자는 원래 양성이다. 처음에는 남자, 여자의 호르몬을 다 같이 가지고 있었다. 그리고 남자 아이가 되면서 남성호르몬 분비가 되고, 여자 아이가 되면서 여성호르몬 분비가 되고, 각자의 성(性)을 가지게 되는 것이다. 더 강한 성의 호르몬을 가지게 되는데 이것이 남자는 알칼리, 여자는 산성이다. 산은 녹이는 역할을 하고, 알칼리는 정화작용을 하는 것이다. 그런데 이 두 개가 궁합이 잘 맞아서 중성화가 되어야 한다. 그렇지 않으면 그 강함이 여자에겐 히스테리(Hysterie)가 되고, 남자는 신경증이 되는 것이다.

상담 : 히스테리와 신경증이라는 것이 뭔지 아세요? 뭐라고 생각하세요?

남자 : 글쎄요.

상담 : 히스테리, 노처녀 히스테리라는 말 들어보셨잖아

요? 노처녀가 왜 히스테리를 부리겠어요? 성(性)이 필요한데, 양(陽)의 기운이 필요한데 음(陰)의 기운만 가지고 있으니까 균형이 안 맞는 거예요. 그리고 히스테리라는 것은 자궁이라는 뜻이기 때문에 자궁의 만족이 안 되는 것이에요. 그러니까 호르몬 분비에도 영향을 미쳐요. 쉽게 말해서 남여가 결혼하는 이유 중에 하나는 교합이에요. 그걸 잊으면 안 돼요. 자, 요즘 남자 분들, 밥 못하는 사람 있어요? 없어요?

여자 : 못해요.

상담 : 다 해주니까 못하죠?

여자 : 하라고 해도 못한대요.

상담 : 혼자 있으면 다 해요. 할 수 있어요.

부부라는 단위는 사회조직의 최소단위이다. 부부가 행복해지기 위해 가장 중요한 기본요소는 바로 대화(對話)와 성(性)이다. 부부는 대화로서 서로 소통되고 원만한 성생활이 유지된다면 대부분의 갈등은 해소된다. 그래서 부부간에 대화와 성은 결혼생활에 있어서 매우 중요한 요소임에는 틀림이 없다. 반면에 이것은 부부 사이에 많은 갈등의 원인이 되기도 한다.

실제 임상사례에서 서로 소통하고 원만한 성관계를 유지하는 부부들은 갈등을 적게 느끼는 것으로 나타났다. 반면에 부부갈등을 겪고 있는 대부분의 사람들은 대화가 서로 단절되거나 차단되고 성생활에도 만족을 느끼지 못하는 것으로 나타났다.

부부가 된다는 것은 아름답고 행복해야 할 일이다. 하지만 결혼 전의 두 사람만의 관계의 환상에서 깨어나 가문과 가문의 결합인 결혼이라는 현실의 밝고 어두운 양면성을 인정하여야 한다. 서로 다른 사람이 만나 부부가 되면 가문이라는 거대한 결합체가 형성되기 때문에 갈등이 있기 마련이다.

갈등 없이 사는 것은 행복한 일이다. 그러나 서로 다른 두 사람이 만나 새로운 가족문화를 형성하는 데에는 여러 가지 갈등이 있기 마련이다. 중요한 것은 서로를 이해하려는 노력을 해야 한다. 서로가 다름을 인정하고 두 사람의 계속적인 노력이 필요하다. 그리고 부족한 부분은 서로 채워주고자 하는 의지와 그것을 실천하는 행동이 따라야 행복해지는 것이다.

그러기 위해서는 결혼 전의 배우자에 대한 착각과 지나친 기대에서 벗어나야 한다. 또 배우자의 내면을 쉽게 바꿀 수 없다면 그것을 인정해주고 수용하는 자세를 가져야 행복한 대화를 나눌 수가 있다.

더구나 산업화가 되면서 밥은 전기밥솥이, 빨래는 세탁기가, 청소는 로봇 청소기가 스스로 알아서 돌아다니면서 청소를 다 해준다. 여자가 없어도 남자는 살 수 있다. 역시 여자도 경제능력이 있다. 여자들도 요즘 다 작장을 다닌다. 여자가 혼자 살아도 모든 것을 해결할 수 있다. 다 되는데 남여 양쪽 성(性)이 하나가 되는 것이 문제이다. 성이라는 것 때문에 결혼하는 것이다.

그러니 결혼한 부부가 성관계가 없다면, 그것은 부부로서의 의미가 없는 것이다. 부부라는 것은 그래서 같이 사는 것이다. 부부가 아니라도 둘이 좋으면 관계를 할 수 있다는 사람도 있다. 그것은 안 된다. 소중한 성을 함부로 다루어서는 안 된다. 성적 수치심이 유발되면 자신을 힘들게 할 수도 있기 때문이다. 우리가 사회생활에서 성인으로서 허용 또는 통용되지 않는 것들이 있다. 부부가 아닌 상태에서 관계를 하게 되면 다른 문제나 법적인 문제가 따른다. 그렇기 때문에 결혼해서 부부는 '서로의 의견이 맞으면 서로 관계를 해도 된다.'라는 의미가 있다. 그래서 혼인신고를 한다.

그래서 두 사람이 결혼하는 것인데, 결혼한 부부가 같이 잘 수 없다면, 같이 자지 못하고 관계할 수 없다면 그것은 부부가 아닌 것이다. 부부의 의미가 없는 것이다. 사회적으로 관습적으로 성(性)은 그렇게 되어 있다. 남자의 생식기는 밖으로 보여진다고 해서 남자는 양이라고 하며, 볕 양(陽)자를 쓰는데, 눈으로 볼 수 있다는 것을 말하는 것이다. 그래서 남자는 양이라고 한다. 그리고 여자의 생식기는 가려져 안에 있다고 해서 여자는 응달 음(陰)자를 쓴다. 그림자가 어둠 속에 들어가면 볼 수 없듯이, 여자의 생식기는 안으로 쑥 들어가 그늘지고 어두운 곳이기에 바로 음이라고 한다.

상담 : 그러면 가만히 들여다보세요. 남자 생식기는 돌출되어 있어요? 안으로 들어가 있어요?

남자 : 돌출되어 있죠.

상담 : 여자의 생식기는 안으로 들어가 있죠? 남자는 돌출되어 있고 여자는 신체 내면으로 들어가 있습니다. 그래서 남자는 양기고 여자는 음기라고 합니다. 그래서 남자는 밖에서 빛을 받기 때문에 차갑게 해줘야 되고, 여자는 안쪽으로 들어가 있어서 습하기 때문에 가장 따뜻하게 해줘야 합니다. 습기를 말려줘야 되잖아요. 두 유전자가 하나가 교합이 될 수 있어야 합니다.

쉽게 말해서 이렇게 컵이 있는데, 양인 이 컵이 있는데 음인 어떤 물체가 들어가지 않으면 이 컵이 역할을 해요? 못해요?

여자 : 못하죠.

상담 : 그것과 똑같은 이치입니다. 이게 남여의 관계입니다. 그게 남녀의 역할입니다. 반드시 부부가 무언가를 해줘야 되는데, 지금 두 분은 하나가 되자고 약속해 놓고서 뚝 떨어져서 제대로 역할을 못하는 것입니다. 그럼 죄송하지만 부인은 남편과 관계한지 오래됐죠?

여자 : 모르겠는데요? 허허허.

상담 : 그렇다면, 본인 생식기를 검사 해보셨어요? 별다른 말이 없었어요? 두 분이 관계하다가 관계를 하지 않으면 죄송하지만 염증이 생기던지, 혹이 생기던지, 세균감염이 잘 돼요.

여자 : 혹? 물혹 같은 것 말인가요?

상담 : 있을 것입니다. 그럴 수밖에 없어요. 관계를 전혀 하지 않는 사람도 자궁에 혹이 생겨요. 왜냐하면 생리를 하다보면 계속 어느 정도 자극에 의해서 출혈을 시켜 주어야 하는데, 그게 되지 않으니까 덩어리가 쌓여서 종양이나 암이 될 수도 있어요. 그래서 수녀나 비구니 스님 같은 경우에도 자궁암이 걸리는 것입니다. 대략 45세 미만의 젊은 부부

들은 일주일에 적어도 3번은 관계를 해야 정상이랍니다. 그래야 부인이 살도 찌지 않고 건강해요. 에너지 소모가 많이 돼요. 최소한 그렇게 해줘야 건강한 부부관계가 이루어집니다. 하룻밤 사이에 만리장성 쌓는다는 말 아시죠? 부부사이가 그래요.

여자 : 저희한테는 그게 의미가 없어요.

상담 : 왜 의미가 없죠?

여자 : 살다가 신혼여행 때도 그런 부분이 없었기 때문에, (허허) 저한테도 문제가 있겠죠? 뭐, 제가 요구하지도 않았기 때문에, 그러고 싶지 않았고……

상담 : 처음부터 남편 분하고 관계하는 것을 별로 마음에 들지 않았어요? 그랬어요?

여자 : 처음엔 안 그랬어요.

상담 : 그런데 왜 그렇죠?

여자 : 그냥 어느 순간부터 싫었거든요.

상담 : 어느 순간이란, 어떤 계기가 있었겠지요?

여자 : 그때부터 차츰차츰 안하게 되었을 거예요. 제 속에 쌓이면서 그냥 싫어졌던 거 같아요.

상담 : 왜 쌓아만 두셨죠? 이야기할 수도 있잖아요.

여자 : 이야기를 못 알아들어요. 발버둥을 쳐도 제 말을 이해하지 못하는 거 같아요.

상담 : 모두 본인 생각이죠?

여자 : 제가 울면서 얘기해도 못 알아듣는 다니까요?

상담 : 왜 그렇게 하셨죠? 그런데 모든 일을 화로써 풀어 갈려고 하네요. 화를 내고 싸운다고 해서 그게 달라질 게 없거든요. 예를 들어 드릴테니 각자의 생각을 끝에 대답해 보세요.

어느 신혼부부가 중매결혼을 했기 때문에 그렇게 많이 만나지 않은 상태에서 결혼을 했었습니다. 부인은 조금 나이가 적고, 남편이 늦은 나이에 결혼을 하다보니까 직장에서 좀 괜찮은 위치였습니다. 그래서 어느 날 남편이 출근하고 부인이 백화점에 쇼핑을 갔어요. 남편이 백화점에서 어떤 여자와 함께 여자 속옷을 고르고 있는 거예요. 그 여자 분의 몸에 대어 보기도 하고...... 그러면, 여기서 부인이라면 어땠을까요?

여자 : 모른 척하고, 집에 그냥 갔을 거예요.

상담 : 남편 분은요?

남자 : 남편이 부인하고 눈이 마주치고 나서?

상담 : 네, 그래요.

남자 : 질문이 어렵네요.

상담 : 자, 그러면 객관적으로 봅시다. 부인은 일반적으로 보편적으로 그런 상황을 보았을 때, 어땠을까요?

여자 : 그게 내 옷일 수도 있잖아요? 뭐, 다른 여자랑 있다고 꼭 다른 여자 옷이라고 할 수는 없잖아요? 그게 내 옷일 수도 있잖아요. 꼭 나서서 그 상황을 악화시킬 수는 없으니까, 일단 집에 가죠.

상담 : 그렇게 생각하고 집에 간다는 거죠? 그럼 집에 남편이 선물을 안 들고 왔으면?

여자 : 선물을 안 들고 온 것이 중요한 게 아니라 상황을 물어보겠죠. 상황을 물어서 남편이 발뺌을 한다거나 하면 캐묻게 되고 그때는 싸움이 커지겠지요. 무조건 오자마자 막 싸우는 것은 아니에요.

상담 : 남편 분은 여기에 대해서 하실 말씀 있으세요?

남자 : 그 상황이 맞다면 뭐, 남자 입장에서 빌던지 하겠죠. 근데 그게 아닌 상황이라면...... 빌 상황은 아닌 것 같고.

상담 : 아, 그게 실제로 상담을 한 내용이거든요. 그것 때문에 이혼하려고 상담을 왔었어요. 그쪽 부인이

신청해서 이혼 준비 중이었습니다.

여자 : 여자 입장에서 그럴 수 있다고 생각해요.

상담 : 근데, 그 부인이 와서 '선생님! 너무 힘듭니다. 결혼한 지 얼마 되지도 않는데, 어떻게 이럴 수가 있어요? 이럴 수는 없습니다. 도저히 못살겠습니다. 지금 이혼 소송을 하려고 합니다.' 이렇게 말했어요. 협의 이혼을 하려면 판사가 숙려기간에 부부상담을 하고 그 결과를 가져오라고 합니다.

여자 : 어찌 되었던 남편 직업과 연관이 되어 있잖아요?

상담 : 중요한 것은 무엇이냐 하면, 그 부인의 이야기를 들으니 그럴 수도 있다고 생각됩니다. '그럴 수도 있다. 화가 나고 분노가 일어날 수도 있고, 도대체 나하고 결혼해 놓고 이럴 수가 있나?' 별 생각이 다 들 것입니다. 그래서 그 부인에게 다음 회기에 남편과 같이 오라고 했습니다. 그래서 남편과 같이 왔는데, 남편의 이야기를 들었습니다. 남편은 그 여자가 직원이라고 했습니다. 그리고 남편의 직장이 속옷을 디자인해서 파는 직업이었습니다.

여자 : 부인이 그것을 몰랐을까요?

상담 : 직업은 알았는데, 문제는 남편이 속옷을 만드는 회사에 다니니까 다른 회사의 속옷을 살 일이 없다고 생각했던 것입니다. 아시겠어요? 예를 들어 나한테 선물을 할 수도 있고 이렇게 저렇게 할 수도

있지만, 남편이 속옷을 만드는 사람이기 때문에 굳이 다른 회사의 속옷을 살 일이 없다고 생각한 것입니다. 다른 여자에게 주려니까 다른 회사의 속옷을 샀다고 생각한 것입니다. 그 여자분의 고정관념이죠. 그래서 오해가 쌓인 것이고...., 남편이 디자인을 하는 사람인데 굳이 다른 회사 속옷을 살 필요가 없다고 생각했던 것입니다. 그래서 이혼을 신청하려고 한 것입니다. 다른 여자에게 주려고 다른 회사의 속옷을 샀던 것으로 생각한 것입니다.

그런데 남편의 얘기를 들어보니까 프로젝트를 수행하기 위해 회사의 여직원들한테 속옷을 선물하려고 구입한 것이랍니다. 그리고 그 속옷과 자기 회사의 속옷을 비교분석을 시킨 것이랍니다. 따라서 다른 회사의 속옷을 착용 후에 느낌이나 불편한 사항 등을 찾아내어 신제품을 디자인하기 위해 속옷을 사러갔다는 것입니다. 직원들의 사이즈에 맞아야 하니까 여직원 한 명을 데리고 간 것이고, 사이즈를 눈대중으로 그 여직원의 몸에 맞추어 본 것이랍니다. 근데 부인은 그게 아니라고 했던 것입니다.

여자 : 그럼 초기 대응을 아저씨가 잘못했겠죠. 분명히 여자 입장에서는 그 남편이 어떻게든 설명을 해도

이해가 분명히 안 되는 부분이 있거든요. 남자가 어떻게 대처했는지가 중요했던 거 같아요.

상담 : 남편은 사실대로 다 말했는데, 그냥 그날 있었던 이야기를 했어요. 남편이 '아무 일 없다고'. 그런데 부인의 입장에선 끝내 용서가 안 된다고 말했습니다. 남편을 안 믿고, 남편 말을 안 듣더라고요.

그래서 거기에 허점이 있어서 아무것도 하지 말고 남편이 부인을 데리고 회사로 가라고 했습니다. 그 여직원이 거기에 근무하는지 여부가 확인이 안 된 이상은 믿을 수 없잖아요. 그래서 회사에 데리고 가라고 했습니다. 그 회사에 그 여직원이 근무하고, 다른 여직원도 속옷을 받았다고 증명이 된다면 이혼하는 것이 아니잖아요. 그 대신에 남편 회사에 가서 확인했으면 부인은 반드시 남편에게 사과를 해야 한다고 했습니다. 부인이 오해한 것뿐만 아니라 남편을 몰아세우고, 생매장 시킨 것이나 마찬가지잖아요.

연애결혼도 아니고 '중매결혼이라 보니까 내가 만나기 전에 만난 다른 여자인 줄 알았다. 그래서 오해를 했었다'고 이렇게 분명하게 사과하라고 했습니다. 그러지 않으면 서로의 감정이 꽁하게 남아있기 때문에 해결책이 없다고 했습니다. 그것은 다음에 또 터질 수 있는 문제로 안고 가게 되니까

> 요. 그래서 비슷한 회사 이야기하면 또 이상한 생각을 하게 되니 정확하게 하라고 했어요. 그래서 부인을 회사로 데리고 가고, 부인이 그것을 확인하고 그래서 부인이 직접 사과했습니다. 그래서 지금은 잘 살고 있습니다.

그런데 현재 자기 기준에서만 생각하고, 자기 기준에서만 판단하면 세상은 어떻게 할 수가 없다. 내 속에 있는 문제는 내 맘대로 생각해도 상관이 없다. 그렇지만 상대를 보는 관점이나 상대가 나에게 주는 영향엔 반드시 되물어보고 확인해야 소통이 된다. 상대의 의견을 물어 봐야 한다. 상대에게 '당신 왜 그러냐? 나는 그러는 것이 싫다. 싫은 대로 그렇게 하니, 내 마음이 아프다.'고 정확히 말을 해야 된다.

내담자의 경우, 부인은 표현을 한다고 했는데 무조건 공격적인 멘트를 쓰니까 남편은 여기서 귀문이 차단이 된 것이다. 우리 인간은 화가 나면 귀문이 닫혀서 들리지 않는다. 그게 인간의 기본원리이다.

누구나 학교 다닐 때에 공부를 했었다. 똑같은 선생님 밑에서 30~40명씩의 학생들이 똑같이 공부했었다. 근데 누구는 100점 받고 누구는 0점 받았다. 그것은 왜 그럴까? 100점 받는 아이는 선생님 말을 액면 그대로, 있는 그대로 습(習)이 되게끔 다 들은 것이고, 그런데 0점 받는 아이는 선생님 이야기할 때 자기 생각(주관)을 보태서 자기주장을 한 것이다. '저 말은 저것일 거야.'라고 생각했던 것이다. 그런데 시험에는 '저것일 거야'가 나오지 않는다. 그러니까 틀릴 수밖에 없는 것이다. 그게 학습의 원리이다. 예를 들어 선생님이 배추 한 단에 천원한다고 했는데, 학생은 '아닌데, 시장가면 오천원 하는데' 이렇게 생각을 한 것이다. 선생님이 천원하면, '아! 천원'해야 끝이 나는데, 아닌데 요즘 배추 값이 비싸서 지금은 오천원도 더 하는데..., 이런 생각을 했다는 것이다.

자기 주관이 나와 버리면 상대방의 말은 항상 차단된다. 부인은 어떤 생각을 할 때, 항상 '내 생각을 먼저 하는 것'이다. 내 입장만 먼저 생각해 버린 것이다. 남편의 입장이 어떨 것인지 남편의 이야기를 들어보지도 않은 상태에서 내 생각을 해버리니까 남편이 아무리 말을 해도 귀에 들어오지 않는다. 남편 역시도 자기가 '아니다'는 판단을 세우면 부인의 이야기를 듣지 않는다. 어떤 기준을 가지고 있으면 그 기준에 합당하지 않으면 들으려고 하지 않는다는 것이 문제이다.

두 분의 내담자는 그게 문제이다. 문제는 길어도 5분 이상 이야기를 못한다. 그런데 그 말하는 도중에 부인은 자기가 하고 싶은 말을 다해야 되는 것이다. '싫다'라는 개념으로 닫아버리니까 상대방의 이야기를 듣지 않고, 남편 역시 자기 의사가 좌절되어 버리니까, 부인의 이야기를 듣고 싶지도 않는다. 그러니까 계속 귀문을 닫아버리는 것이다. 두 분은 계속 그러고 살았다. 그리고 중요한 것은 부인은 자기표현을 제대로 하지 않는다.

누구나 연애할 때는 여자들이 남자한테 잘 했을 것이다. 남자들도 역시 마찬가지이다. 따뜻하게 하였을 것이다. 그런데 지금은 아닐 수밖에 없는 게 따뜻하게 할 때 내 마음을 같이 표현했어야 되는데, 따뜻하게만 한 것이다. '난, 당신 너무 사랑해, 그래서 이것 해주고 싶어'라고 했었어야 한다.

상담 : 그런데 '난 당신 너무 사랑해. 그래서 이것을 해주고 싶었어'라는 그런 말이 없었지요? 그냥 해 준거야, 그냥 잘 해준 것이에요. 그래서 남편은 당연하게 생각한 거죠. 그것을 당연하게 만든 것은 바로 부인이 그렇게 만든 거예요.

여자 : 엄마 몫을 했다고 생각해요. 제가 부인으로서의 몫을 한 것이 아니고 엄마 역할을 한 것입니다.

상담 : 그렇죠, 제 말이 그 말이에요. 엄마가 아니에요. 부인이잖아요. 한날 한시에 같이 어른이 된 동격이에요. 동격이면 같이 해줘야 되요. 나누기도 같이해야 돼요. 그래서 무조건적이면 안 돼요. 해주는 건 나쁜 게 아닌데, 남편이니까 해줄 수도 있습니다. 그러나 해줄 때에는 '난 당신을 사랑하니까 당신이 나를 위해 이렇게 돈을 벌고 이렇게 노력을 해주니까.' 하고 표현을 해야 됩니다.

여자 : 나는 표현을 많이 했는데,

상담 : 제대로 해야 되죠.

여자 : 선생님이 느끼기에 그렇게 말씀하시는데, 저는 제대로 한다고 했어요.

상담 : 그럼, 부인이 그렇게 제대로 했다고 하는데, 남편은 어떻게 하셨어요?

남자 : 아까도 그런 얘기하셨잖아요. 예전엔 안 그랬던 것 같아요. 한 번, 두 번, 세 번 이야기할 때 안 들으면 마음의 문을 닫는다고 했는데, 제가 느끼기에는 내 행동이 객관적이면 편하겠다는 생각을 많이 했어요(주관적 보다는). 그게 제일 힘든 부분이죠.

상담 : 가장 큰 예로 무엇을 주관적으로 보고, 무엇을 객관적으로 보지 못했나요?

남자 : 좀 전에도 말한 것 중에 뭐가 바뀐 것이 없다고 합니다. 그게 제가 이야기했잖아요. 6개월 전까지만 해도 주, 야 근무를 했습니다. 생활패턴도 바뀌었습니다. 지금은 주간을 합니다. 분명 제 행동은 변화가 없더라도 좀 바뀌었잖아요. 근데 '뭐가 바뀌었는데?' 해버리니까……

상담 : 중요한 게 그건데요, 부인 입장에선 남편이 달라진 게 없죠? 그렇죠? 근데 예전에 남편 사랑하셨죠? 달라졌으면 사랑했어요? 사랑했던 남편이 그 자리에 언제나 있잖아요? 옛날 그 사람이 이 사람이잖

아요.

여자 : 그때는 어려서 잘 몰랐던 것 같은데……

상담 : 어려서 몰랐던 게 아니라, 그때는 콩깍지가 씌여 있었는데 지금은 벗겨졌단 거잖아요? 그럼 그건 본인 문제예요. 씌었던 것도 본인이고 벗겨진 것도 본인 문제이잖아요.

여자 : 그래서 이혼하자고 한 것이고.

상담 : 그런데 본인에게 씌어진 콩깍지 때문에 결혼하였고……,

여자 : 아니요, 제가 결혼하려고 할 땐 친정에서 이혼하라고 했거든요?

상담 : 왜 이혼하려고 하셨어요?

여자 : 궁합도 안 맞고, 너무 그런 것 때문에 이혼하라고까지 했어요. 애기 없을 때 헤어지라고까지 했다니까요. 삼촌이 철학관을 하셨고요,

상담 : 그럼 부인은 용띠고, 남편은 뱀띠네요? 본인이 적은 자료를 그대로 해석해 보면, 아, 그렇구나…….
왜 친정 쪽에서 이혼하라고 했는지 아세요? 본인이 리드를 해야 되거든요. 그래서 힘들다고 이야기 했을 것 같네요. 또 중요한 게 매사의 주도권이 여자한테 있어야 되는데 그게 마음대로 잘 안 되는 거예요.

여자 : 그런 부분도 있어요.

상담 : 제가 이런 것까지는 별로 해석해 주고 싶지는 않은데...., 미안한데, 부인분이 잔머리를 많이 굴리세요.

여자 : 잔머리요?

상담 : 네, 아주 많이 굴려요.

여자 : 그럴 수도 있지요.

상담 : 머리 쓰는 지능지수(IQ)는 학습적인 능력을 말하는 것입니다. 그런데 그것을 얼마나 빨리 받아들여서 활용하느냐의 문제입니다.

지능지수에는 JQ(잔머리지수)와 CQ(창의성 지수)가 있다. IQ를 긍정적으로 활용해서 학습적으로, 창의적으로 사용하면 CQ(창의적인 지수)가 된다. IQ를 부정적으로 사용하게 되면 JQ(잔머리 지수)가 된다. 잔머리 지수가 높은 사람은 보통 IQ도 높다. 그런데 내담자 부인은 그 지능지수를 제대로 사용을 하지 못했다. 아마 부인처럼 이런 성향의 여자들은 남편이 아닌 다른 사람과 결혼했더라도 지금쯤 스트레스를 많이 받았을 것이다. 그것은 남편 분의 잘못이 아니다. 왜 그러느냐 하면 부인은 원기질(1번)이 남자의 기질을 타고 났다. 거기다가 리더자 형으로 앞장서서 끌어나가야 하는 스타일인데, 본인이 마음대로 끌어 가지지 않는다. 그것을 남편에게 투사시킨 것이다. 그런데 거기에 남편도 물론 한 몫하였다. 여기서 부인이 내조를 하듯, 만약에 남편이 외조를 잘 하였다면 즉, 남편 분이 부인을 잘 도왔었더라면, 부인은 승승장구 성공하였을 것이다.

부인은 사소한 남편의 잘못을 덮어줄 수 있는 그런 애교가 있다. 그런데 문제가 뭐냐하면 자기가 눌림으로 인해서 거기에 히스테리가 일어난 것이다. 그것 때문에 남편이 '그랬다'라고 생각하는 것이다. 이제 부인은 자신의 '내면 문제이다'는 것을 알아야 한다. 부인의 에너지 같으면 고집도 있고, 끌고 가려는 강한 남성적 기질을 가지고 있다. 그런데 남편 분은 보조를 해줘야 되는데, 본인이 가장으로서 이끌어 갈려고만 했다. 그러니까 지금 부인은 이유없이 남편에게 스트레스를 많이 받을 수밖에 없었다. 부부간에 누가 리더할 것인가가 중요한 것이 아니라 중화가 필요한 것이다.

여자 : 히스테리가 일어난 이유가 없지는 않는데.....,

상담 : 그건 본인이 만든 것입니다. 본인이 스트레스를 만들어 누적시킨 것입니다. 그 문제를 해결하려면 첫째, 상대의 이야기를 들어야 된다는 것, 그것을 기억하고, 듣는 것을 습관들여야 하고, 둘째, 남편 분은 죄송하지만 지금도 안 늦었으니 부인을 도와주는 어떤 일을 해보세요. 예를 들어 사업한다면 부인 명의로 사업을 하고, 일은 남편이 다 하더라도, 사장이 되는 건 부인이 하여야 돼요. 간판만 올라가도 부인의 히스테리가 줄어요. 그러니까 무

슨 일을 하던지 부인이 리더를 하게 해주어야 한다는 것입니다. 그리고 또 부인은 보조를 잘 해주는 남편을 만났더라면 부인이 엄청 잘 되었을 것입니다. 그래서 친정에서도 그렇게 이야기하셨을 거예요. 그런데, 어차피 결혼했잖아요. 그리고 삶은 궁합이 중요하지 않다고 생각하거든요.

여자 : 아, 죄송한데……, 그렇게 생각했기 때문에, 제가 처음에 결혼 날짜를 잡고도 이 사람한테 이야기를 안 했어요. 혼자만 알고 있다가……

상담 : 그럼 끝까지 혼자만 알고 있지요?

여자 : 남편을 좀 바꾸려고 이야기 한 거죠.

상담 : 자, 바꿔자고 얘기할 때는, 본인이 들은 이야기를 전달하는 게 아니라 남편하고 같이 가서 다른 사람 입으로 말하는 것을 직접 듣게 하여야 해요.

여자 : 그런가?

상담 : 예, 왜냐하면 부부잖아요? 부부 관계에서 부인이 이야기하면 부인 위주로 돌아간다고 착각해요. 그러니 남편은 '자기가 좋은 쪽으로 하려고 한다.' 또는 '자기 위주로 하려고 한다'고 생각하게 됩니다. 그러니까 그런 게 확실하다면 어디 가서 진짜 제대로 보세요.

여자 : 그래요, 맞아요. 그거 보고나서 다른데 가서 또 봤어요. 남편을 오라고 하더라고요. 그래서 같이 들

었어요. 끄덕했어요. 굿도 했어요.

상담 : 헤이!, 그건 낭비인데,

여자 : 그때는 낭비라고 생각하지 않고 일단 좋은 쪽으로 가자는 의미에서 했기 때문에……

상담 : 예, 그것도 좋은 것은 아니에요. 그렇다고 하니까 제가 봐주기는 했지만, 이것은 좋은 것이 아니에요. 왜냐하면 인간의 에너지는 굿으로 좌우되지는 않아요.

여자 : 그럼요. 내 운명은 내가 만들어 가야 한다고 생각해요.

상담 : 그리고 중요한 것은 이것과 상관없이 심리학적으로 분석했을 때, 에너지원인 힘이 넘쳐서 남아돌아가거든요. 남아돌아가기 때문에 리더를 하게 해주라는 것입니다. 그 에너지를 다 쓰면 스트레스를 받을 게 없어요. 에너지를 다 쓰지를 못하니까 스트레스를 받는 거예요. 에너지를 다 쓰질 못하고 자꾸 축적이 되니까 어떻게 되겠어요. 자꾸 분노가 차올라 오는 것입니다. 에너지를 다 사용하면 그렇지 않아요. 그러니 에너지를 안 쓰면 어떻게 되겠어요? 자꾸 분노가 차올라요. 그래서 집에만 있어서 될 것이 아니라 부인이 무언가를 하여야 돼요.

여자 : 다 털어 먹었는데 어떻게 합니까?

상담 : 그냥 집에만 있으면 안 돼요. 리더를 하게끔 하여야 돼요, 그런데 중요한 것은 부인은 뭘 하던지 자기생각이 먼저 나오면 그 사업은 안 됩니다. 자기생각은 그냥 가지고 있고, 주위 여러 사람의 관점에서 생각을 물어보세요. 그리고 그 생각들을 모두 분석한 최종 결과에 자기생각을 섞어서 일을 추진하세요. 그래야 반드시 성공해요.

어떤 일을 하든지 간에 자기 주관적인 것만 가지고 하면 반드시 어그러지게 되어 있다. 그렇게 되면 어떤 일이던지 성공하지 못한다. 일을 하는데 있어서 상승 무드가 꺾이지 않으려면 반드시 조율할 줄 알아야 한다. 따라서 부인은 당연히 남편과 의논을 해야 한다. 그러니까 다른 사람의 의견을 신중하게 생각해 보고 수용하여야 한다. 부인의 히스테리는 남편의 문제만은 아니다. 개인적인 문제까지 포함된 자기 내면의 문제이다.

그게 지금까지 오면서 축적시킨 것과 맞물려 버렸다. 그러니까 투사가 되어 제일 편하게 나타나는 현상이 남편의 문제가 된 것이다. 제일 편한 게 남편이니까 남편에게로 문제가 다 가는 것이다. 그래서 미안하지만, 남편 분은 모든 것을 다 포함해서 문제를 가지고 갈 수밖에 없었다. 남편 분이 잘못을 하나도 하지 않아도 남편이 다 뒤집어쓰고 부인은 남편을 탓하게 되어 있다.

실제로 지금 비슷한 상황의 내담자를 치료중인데, 그쪽도 부인이 남편보다 한 살 많고, 남편은 '땡' 하면 집에 들어오는 공무원이었다. 하루도 어김없이 퇴근시간에 칼같이 퇴근하는 땡돌이다. 주말 쉬는 날에는 집에서 꼼짝하지도 않는다. 문제는 남편 분이 너무 착한 게 여자가 숨이 막혀 죽는 것이다.

그게 부인을 화나게 하는 것이다. 너무 잘해 주는 게 도리어 홧병이 난 것이다. 그 부인은 남편이 직장 회식자리에 왜 자신(부인)을 안 데리고 가느냐면서 의심된다고 말하는 것이다. 이것도 의심스럽다면서 부인이 스트레스를 받아서 병이 된 것이다. 그러니까 너무 좋아도 문제이다. 그것은 집착하기 때문이다. 이런 것이 조율이 잘 되어야 한다. 가정은 남자가 꼭 끌고 가는 것이 아니다. 남자든 여자든 에너지가 강한 사람이 끌고 갈 수도 있다.

상담 : 각자의 에너지를 알면 맞춰서 살면 되는 것입니다. 에너지가 쎈 사람이 끌어갈 수 있어야 돼요.

여자 : 이 이야기를 들었거든요? 제가 '쎄다'는 걸?

상담 : 저도 교수님 처음 만날 땐 생머리를 길게 해 다녔어요. 근데 전부다 저에게 점쟁이라고 할 정도였어요. 그래서 한복만 입으면 영락없이 점쟁이가 되겠다고......, 그래서 기운을 조금 낮추는 방법으로 죄송하지만, 부인은 머리를 최대한 짧게 잘라

보세요. 그 기운도 만만찮아요.

여자 : 아, 네, 안 그래도 그런 생각을 해요.

상담 : 그리고 이마를 가리지 마세요. 이마를 가리면 앞이 막혀서 안 돼요. 짧게 자르는 게 싫으면 단발머리라도 하세요.

여자 : 그 이야기는 전에도 많이 들었어요.

상담 : 네, 앞머리를 가리면 자기가 더 힘들어 질 거예요. 그리고 남편의 기준에서 보면 남편이 좀 억울한 부분이 있거든요. 어떤 부분에서는 남편이 억울한 부분도 있으니까 그것을 좀 감안해서 생각해 보면 좋겠어요. 제일 중요한 게, 본인이 '내 자신이 무엇을 하며 사는지' 알아야 해요. 내가 추구하는 게 무엇이며, 그 추구하는 것을 위해 내가 무엇을 하는지 알아야 돼요. 부인은 아무것도 안 하고 있잖아요. 답답하기만 하잖아요.

여자 : 네.

상담 : 예, 그게 미안하지만 본인 것이거든요.

여자 : 빨리 이 상황이 끝났으면 좋겠어요.

상담 : 그런데 이 상황이 끝나도 편할까요?

여자 : 그때 가 봐야 알겠죠?

상담 : 그런데 이 상황이 종료된다고 편해지진 않아요.

여자 : 그렇겠죠?

상담 : 그러니까 제가 보기엔……, 남편 분은 왜 부인한

테 안 가세요?

남자 : 거부하니까

상담 : 싫으세요?

여자 : 네.

상담 : 자, 왜 싫으세요?

여자 : 그냥 싫어요.

상담 : 이게 문제에요. 부부가 같이 살잖아요. 미안한데, 솔직히 거부하는 것은 법에 가시면 아시죠? 본인의 문제라는 것을

여자 : 거부한 적은 없어요. 싫다고만 이야기 했지

상담 : 그게 거부지요. 싫다고 한 게 거부잖아요?

여자 : 요구를 한 적이 한 번도 없어요. 허허허……

남자 : 존중하잖아요.

여자 : 전, 존중이라고 생각하지 않아요.

상담 : 그렇게 생각하지 않는다고 합니다. 결론은 좀 와일드하게 해라는 것입니다. 아시겠어요.

여자 : 존중? 거부하진 않아요. 싫어하는 거지.

상담 : 싫어하는 게 거부예요. 잠자리는 남자분이 리더를 하고 끌어가는 것을 좀 해달란 거예요. 실제로 밖으로 드러나거나 하는 것은 부인이 리더하게끔 해야 해요. 그러면 두 분이 궁합이 잘 맞아요.

여자 : 제가 그렇게 작년에 말했는데 씨알도 먹히지 않던데요.

남자 : 작년에는 그런 말 없었잖아?

여자 : 작년에도 했어요. 진짜...... 이 사람의 목이..... 경추 관련된 것으로 이것이 잘못 터지면 이 사람이 죽거든요? 그래서 아산병원에 입원까지 하고 왔어요.

상담 : 예, 예.

여자 : 어쨌든 지금은 내가 같이 사는 사람이니까 안 되겠더라고요. 그래서 다 정리해서 시골 가자고 했어요. 내가 돈 벌겠다고 힘든 일 하지마라고, 시골 가자고 했어요. 근데 가지 않겠대요. '당신, 병 걸리면 난 병수발하는 거밖에 안 된다면서.'

상담 : 응~, 응~

여자 : 가게 일하죠. 새벽에 3시, 4시에 일어나 가게에 나간다고 하죠. 어느 여자가 좋아하겠어요? 잘못 탁

터지변 죽는다는데, 반신불구가 된다는데, 그래서 금전적인 문제 같으면 신경쓰지 마라고, 집하고 적금하고 다 해약해서 시골로 가자고, 그것 안 되면 몇 개월이라도 쉬라고, 내가 돈 벌려 나가겠다고,

상담 : 응~, 응~

여자 : 명색이 '남자가…… 가장인데…… 어쩌고 저쩌고' 그러면서 자기는 자기 일대로 다하고, 아는 사람 만나 히히덕 거리며 놀고, 내 말은 아예 수긍이 안 되잖아요.

상담 : 제가 보기엔 그게 아닌 것 같아요. 남편만 부인 말을 귓등으로 듣는 게 아니라 부인도 남편 말을 귓등으로 듣는 것 같아요. 남편의 마음을 한번 읽어 주셨으면 좋았을 건데….. 남편 분은 남자이기 때문에 책임의식이 강하잖아요.

여자 : 그러면 제가 십 몇 년간 일할 때나 아파서 몇 번을 입원했을 때 진정으로 와이프 걱정된다면 회사 못나가게 해야 되는 거 아니에요? 그런 거 한번도 없었어요. '당신이 좀 벌어주면 나는 더 좋지' 이랬어요.

상담 : 참 많이 서운했구나!

여자 : 어떤 여자가………

상담 : 왜 그러셨어요? 부인이 아픈데, 내 부인이 먼저 아닌가요?

여자 : 본인은 뭐, 생활비도 크게 도와주지 않고, 넣을 때 넣어주고 안 넣을 때는 안 넣어 줘도 되고 그러면서 형님들 만나서 훌라 치고, 새벽까지 술 마셔도 되고,........ 뭐, 편하거든요.

상담 : 그건 문제 아닌가요? 근데, 결혼했는데 왜 아직 아이가 없죠? 아이가 있었으면 좋겠어요.

여자 : 저는 반대로 생각했어요. 이혼까지 이야기가 나올 때, 아이가 없어서 참 다행이다.

상담 : 지금은 그런 상황이니까.......

여자 : 선생님이 말씀하신 것처럼 '만약에 아이가 있어서 내 생각이 안 맞으면 나는 더 힘들 것 같다.' 그래서 아이 없을 때 이혼해야 하겠다 싶어요.

상담 : 그런데 남편 분, 여자는 사랑 때문에 살아요. 여자는 돈 때문이 아니라 사랑 때문에 살고, 남자는 그 사랑 위에 야망을 펴기 위해 살아요. 가정에서 사랑과 평화가 기본적이지 못하면 남자는 절대 성취가 안 돼요. 그런데 정말 부인과 원만한 관계일 때 모든 일이 잘 이루어진다는 것을 잊어서는 안 됩니다.

부부갈등을 겪는 대부분의 사람들은 배우자가 '사랑한다'는 말을 하지 않거나 자주 하지 않는다고 불평을 한다. 반면에 사랑한다는 말을 너무 많이 해서 지겹다고 불평하는 사람들은 거의 없다. 살아가면서 '사랑한다'는 말처럼 쉬운 게 없다. 그런데 결혼을 하고 나면 사랑한다는 말을 잘 하지 않는다. 결혼을 하고 나면 배우자를 자신의 소유물로 착각하기 때문이다.

특히 여자는 사랑 하나만 보고 살아간다. 여자의 마음은 그렇다. 그게 여자의 특성이다. 남자하고는 다르다. 사랑한다는 믿음과 이 사람이 '나 뿐이다'는 믿음 하나만 있으면 그 남자를 위해 여자는 목숨을 걸 수도 있다. 여자가 그렇게 하는 이유가 바로 사랑이다. 그 사람 하나를 위해 살아간다. 그래서 여자에게는 절교가 있고, 절개가 있고, 순결이라는 말이 있는 것이다.

그런데 남자는 그게 바탕이 되지 않는 성취욕은 가다가 허물어진다. 모래성과 같다. 올라가다가 기초가 없어서 와르르 무너지게 된다. 기초가 안정된 상태에서만 일어설 수가 있는 것이다. 우리는 탄탄한 반석 위에 어떤 것을 세워야 튼튼해진다. 모래 위에 세우면 바람만 불어도 무너진다. 그러니까 허상을 쫓고 다닌 것이다. 남편은 무슨 일이 있어도 부인 마음을 먼저 잡아야 하는 것이다. 하물며 내 가정, 내가 사랑하는 그 사람 마음도 하나 못 잡으면서 무엇을 할 것이며, 대인관계에서 생판 모르는 사람의 마음을 어떻게 잡을 수가 있겠는가.

여자 : 반대라고 생각하는 사람도 있어요. '네가 그러니까 내가 밖에서 일이 잘 되겠느냐?'고

상담 : 그건 아니에요. 어렸을 때에 많이 들었을 건데, '남자는 큰 사람 여자는 작은 사람'이라고 이야기 했습니다. 남자는 왜 큰 사람이냐 하면 남자는 스케일이 크기 때문입니다. 스케일이 크기 때문에 여자를 품는 것이에요. 그래서 여자는 속 좁고 작다고 합니다. '수신제가(修身齊家)'라 했잖아요? 내 가정도 못 지키면서 밖에 일을 어떻게 하겠어요? 다른 사람의 마음을 어떻게 잡아요. 부인의 마음 하나 못 잡으면서, 다른 사람 마음 어떻게 잡아요. 내가 가장 믿고 가장 편한 사람인 배우자의 마음도 못 잡으면서 생판 모르는 다른 사람의 마음을 어떻게 잡겠습니까?

남자 : 그러니까 전 그 부분이 답답한 거죠. 제 행동 때문에 그렇다고 하니까. 돌이킬 수만 있다면 돌이

키고 싶어요.

상담 : 돌이키지 말고 지금부터 노력해요.

남자 : 노력하는데, 그 방법론을 모르겠어요.

상담 : 부인이 원하는 대로 해주면 되죠. 아까도 얘기했잖아요. 부부관계의 문제에서도 남편의 입장에서는 존중해서 안 간다고 했습니다. 그것은 아니에요. 일단, 시도는 해보셨잖아요?

남자 : 이야기 하는데 웃지 않았으면 좋겠어(허허....)

상담 : 그렇죠? 남편 입장에선 빈정거리는 것으로 느껴지니까 속상해서 하는 소리에요. 부인 입장에서는 아마.

여자 : 가식적인 거 같아요.

상담 : 예, 그렇게 하려고 하는 게 아니고 그게 저절로 습(習)이 되어 버렸어요.

남자 : 아니, 내가 다정다감하게 하면 가식적이라고 표현하니까.

상담 : 얼마나 습(習)이 되어 있으면 그러겠어요?

남자 : 그러니까 이게, 저는 마음이 아픈 거에요.

상담 : 자, 지금부턴 과거에 얽매이지 말고 지금부터 노력한다고 했으니까 과거는 생각하지 말고 지금부터 바꾸세요.

여자 : 그 이야기를 수십 번을 넘게 들어 가지구요.

상담 : 그런데 이제 남편 분이 바뀐다잖아요. 두 분이서

있을 때랑은 다르게 우리가 중간에 이렇게 조율해서 치료하는 거 하곤 달라요. 지금까지는 남편 분이 어쨌건 간에, 지금부터 다시 시작하세요. 처음 보는 사이처럼 다시 시작해 보세요. 그렇게 노력해서 안 되면 두 분은 같이 살 필요 없어요. 그때는 이혼하세요.

남자 : 저도 이 사람한테 바라는 거 있어요. 막말 같은 것을 많이 하거든요? 전 그게 마음이 너무 아프거든요.

상담 : 치명타죠?

남자 : 그런 얘기만 안하면 정말 좋겠어요.

상담 : 그럼 각자 새겨들으세요. 남편한테 치명적인 말을 해서는 안 됩니다. 남편이 원하는 것이 그거잖아요. 남편이든 부인이든 서로에게 막말은 하지 말아야 합니다. 죄송하지만 말할 때 빈정거리는 것, 그것 하지 마세요. 제가 봐도 기분 나쁩니다.

여자 : 기분 나쁘라고 지금 일부러 하고 있어요.

상담 : 오죽했으면 일부러 그러겠어요.

남자 : 알겠어요, 이제 알겠어요. 근데 지금 이게 좋은 마음으로 하잖아요? 하다가도 한두 번이지 자꾸 이러면 저도 감정이 있는데, 저도 '에라 모르겠다.' 되는 거잖아요? 그러니까 정말로 미안한 이야기지만, 앞에 이야기를 좀 덮어두고, 지금부터라도......

상담 : 개선하라 이거죠?

남자 : 네, 지금부터라도 덮어두고 봐줬으면 하는 이야기를 하고 싶어요. 강력하게……

상담 : 제가 아까도 이야기했죠? 분명한 자기표현을 할 때 자기감정을 투사해서 이야기하게 되면, 다른 문제가 생겨버립니다.

우리가 똑같은 말도 부드럽게 '야~' 하는 것과 강하게 '야!' 하는 것은 느낌이 다르다. 똑같은 말을 해도 분명히 다르게 들린다. 우리가 말을 하더라도 억양만 달라도 받아들이는 게 다르다. '안녕하세요~' 하는 거랑 '(억세게)안녕하세요.' 하는 거랑 다르다.[1] 그러니까 '의무적이다 또는 정말 안녕해서 묻는구나!, 형식적이다, 아니면 싫으면서 억지로 하는 거야!, 괜히 하는 거네.' 그렇게 받아들이는 것은 말 속에 그런 감정들이 포함되어 있기 때문에 그렇다.

그래서 앞으로는 어떤 말을 하더라도 내 감정을 넣으면 안 된다. 감정을 넣어야 할 때는 그 다음에 하고, 지금은 아무 감정도 넣지 말고 부인한테, 남편한테 말해야 한다. 그리고 지금 내담자와 같은 상황에서의 부부관계는 부부간에 '~해도 되겠나?'보다는 분위기가 되고 자리가 되면 하는 것이다. 그런데 극구사양 하는데 강제로 억지로 구타하면서까지

---

1) '안녕하세요~'는 부드럽고 온화하고 따뜻한 말로 오랜 만에 만나 반갑고 고마운 느낌이 든다. 그러나 억세게 '안녕하세요'는 투박하고 억세어 강제나 강요 또는 억지로 하거나 마지 못해 형식적으로 인사하는 유형이다.

관계하면 그건 폭력이 된다.

근데 부부간에도 나눔이 있어야 한다. 표현하는 게 있어야 한다. 앞으로 이야기할 때 먼저 이야기를 꺼낸 사람의 말을 끝까지 들어주는 습관을 좀 들이는 것이 좋다. 무조건 상대의 이야기를 들어줄 생각은 없고 '내' 생각만 하면 지금까지 눌린 것은 부인이 더 억울하다. 억울해도 지금 당장은 치료가 안 된다. 왜냐하면 남편하고 제대로 소통이 되어 '내가 이야기할 준비를 만들어 줘야 가능한 일'이다.

그런데 지금의 감정 때문에 자꾸 화가 울컥 치솟아 온다. 소통하려고 해도 대화가 차단된다는 말이다. 부부간의 갈등의 원인은 대부분 공격적인 말투 때문이다. 우리 인간의 특징은 공격적인 대화에는 매우 민감하게 반응한다. 공격적인 대화가 시작되면 대화의 주제는 사라지고 공격이 공격을 부르게 된다. 서로가 공격하기 위한 대화를 계속하는 것이다.

그러면 옛날이나 지금이나 달라질 것이 하나도 없다. 그럴 것 같으면 지금 이 자리에서 이혼하는 것이 맞다. 그게 제일 좋은 방법이다. 같이 살 의미가 없기 때문이다. 무슨 이야기인지 이해가 된다면 반드시 처방대로 개선하여야만 한다. 문제는 이혼을 한다 해도 달라질 게 하나도 없다. 지금 이 성격대로 가면 다음에 누구를 또 만나도 이혼할 수밖에 없다.

그래서 재혼해도 이혼하고 삼혼해도 이혼하고 자꾸 할 수밖에 없다. 왜냐하면 자신은 안 바뀌면서 상대방이 달라지길 바라니까, '상대방이 변하길 요구하기 때문에' 설사 지금 이혼하더라도 꼭 변해야 한다. 자신이 먼저 변한 상태에서 상대방을 보면 답이 보일 것이다.

상담 : 처음에는 제일 사랑하는 사람으로 만났잖아요. 지금 헤어져서 다른 사람을 만나도 그때의 순수함으로 다른 사람 만날 수 있을 것 같아요?

여자 : 없겠죠? 치가 떨리는데 또 만나겠어요?

상담 : 그런데, 두 분은 이혼하더라도 다른 사람을 만나게 되어 있어요. 절대 혼자 살순 없어요. 치를 떨어도 또 살게 되어 있어요. 그런데 두 분 다 다른 사람을 또 만나게 되더라도, 그 순수하고 순결한 그 마음이 그대로 전해지지 않습니다. 계산하게 되고, 저 사람이 얼마나 능력이 있을까? '저 사람이 얼마만큼 가지고 있을까?' 나에게 얼마나 해줄까? 계산할 수밖에 없어요. 이제는 나이가 들었기 때문에, 세상을 좀 살아봤기 때문에 그리고 약아빠졌기 때문에, 그 순수함이 사라져버려요. 그렇게 계산해서 만나는 사람과 감정교류가 쉽지 않습니다. 다른 사람을 만나도 물질은 채워질지는 몰라도 가슴은 채울 수 없어요. 그런데 두 분은 가슴속에 있는 사랑하는 마음은 그대로 있어요. 제가 보기엔 그래요. 쓰는 멘트들이 자꾸 투정적이고

빈정거리면서 자꾸 '보라고, 느끼라'고 이러고 있잖아요? 그게 내가 이 사람을 사랑하기 때문이에요. 내가 사랑하지 않으면 나타낼 필요가 없잖아요? 내 좀 알아 달라 이거예요. 그 감정을 나타내는 것은 안 알아주니까 속상하기 때문에……

여자 : 여기 와서 그런 거 같은데.

상담 : 아, 그럼, 그나마 나아진 거네! 많이 좋아진 거네, 감정을 표현한 거네.

여자 : 집에선 꼴도 보기 싫었는데.

상담 : 자, 꼴도 보기 싫은 것도…… 미움 뒤에는 사랑이 있기 때문이에요. 사랑했기 때문에 미워지는 것입니다. 미움이 왜 생기겠어요? 자, 그럼 본인이 카카오(cacao)라는 걸 먹어봤어요? 맛이 어때요?

여자 : 쓰죠?

상담 : 근데, 그 열매를 직접 먹어보셨어요?

여자 : 아니요, 그건 안 먹어 봤는데, 정제된 것만 먹었어요.

상담 : 그렇죠? 실제 카카오는 그렇게 쓸까요?

여자 : 별로 쓰지 않다고 들었는데?

상담 : 들은 거죠? 실제로 먹은 적은 없죠? 내가 직접 먹어보지 않은 것은 말 할 수 없죠? 중요한 건 바로 그거예요.

내가 내속에 없다면 그 감정이 안 나온다. 우리가 자장면을 이야기하는데 자장면 안 먹어 본 사람이 자장면 이야기를 할 수가 없다. 단지 '그렇다더라.'고만 할 수 있지 '그렇다'고 말할 수는 없는 것이다. 미국에 대해서도 미국은 '어디에 있고, 뭐하더라' 북위 몇도, 위도 몇도 어쩌고저쩌고 한다. 그건 지도상으로 이론상으로 하는 말이다. 실제로 안 가보고 지도로만 본 사람들은 '그렇더라', '그게 있다고 하더라.' '누가 그러던데?' '몰라. 책에 나오던데.' 그거 밖에 안 된다. 실제로 가 본 사람은 전체는 모르지만, '내가 어디에 갔는데 어디는 뭐가 있고, 거리는 어떻고 어떻다.'고 한다.

직접 해보지 않으면 말할 수 없는 것이다. 본인이 남편을 싫어하는 부정적인 마음은 긍정적인 마음이 상했기 때문에 부정으로 나가는 것이다. 내 속에 없다면 나올 일이 없다. 남편을 많이 사랑하는 걸로 표현할 수밖에 없는데, 사랑하는데 나한테 돌아오는 게 너무 없으니까 화가 나기도 하고, 속상하기도 하고 그래서 '니가 뭔데?' 그러면서 부정으로 돌아가게 된다.

여자 : 억울하잖아요?

상담 : 예, 그러니까 그런 거예요. 그래서 전에 '이혼하자' 해놓고 다시 살 수밖에 없는 이유는 남편을 근본적으로 사랑하기 때문에 그 사랑하는 마음이 소멸되지 않아 다른 사람을 사랑할 수 없거든요. 그러

니까 이 사람하고 또 살고 싶은 거예요. 살 수밖에 없는데 문제는 예전 생각에 이 사람의 형태가 그대로 남아 있으니까 속에서 울컥하면서 화가 더 나는 거예요.

여자 : 맞아요.

상담 : 헤어지려면 그때하지 왜 지금까지 끌고 온 것입니까? 그게 내안에서 분노를 일으키는 것입니다. 내 자신이 그게 싫은 것입니다. 남편 분은 정말 부인의 속에 뭐가 있는지 좀 읽어주세요. 얼마나 사랑하는지 말로만 하지 말고, 속삭여 주는 것도 좋지만 표현해 주는 것을 좋아해요. '사랑해' 말로 하지 마세요. 여자는 다이아몬드를 좋아하잖아요. 여자는 물질도 좋아해요. 남자가 돈을 버는 건 여자가 좋으라고 하거든요. 그래서 남편 분이 돈을 벌어서 부인에게 다 주잖아요. 그런 거예요.

여자 : 숨 못 쉬게 하는데요.

상담 : 숨 못 쉬는 게 아니고요. 자, 남편이 뭔가를 해주고 싶고 뭔가 하는데, 지금처럼 부인의 이야기가 자꾸 앞서버리니까 실망스러운 거예요. 본인이 못 해주니까....., 무슨 이야기인지 아시겠어요? 그래서 본인이 할 수 있는 것만 하게끔 기다려주는 것입니다. 죄송한데, 이 리더자 형은 상대가 뭔가 해줄 때까지 기다리지를 못해요. 좀 성급해요. 그래

시 조금 더 기다려주고, 기다리면서 때로는 살짝 '나 이런 것 필요해' '나 이런 것 해주면 좋아' 라는 표현을 할 수 있어야 합니다. 뭐 해주면 좋아?

여자 : 그런 것 자존심 상해서 눈치도 보이고 해서 못해요.

상담 : 눈치 왜 봐요? 같은 집에 살면서 볼 것 다보고, 같은 식구인데 뭐 때문에 눈치 봐요? 할 이야기 다하세요. 단, 할 이야기는 두 분이 다 하는데 상하지 않게 하세요.

서로 상하지 않게 하는 방법은 '나는 이런 걸 좋아해.' 라고만 하면 된다. 이 사람을 강제로 어떻게 할 생각을 하지 말고, '내가 원하는 것은 이거야' 그러니 당신이 '이렇게 해줬으면 좋겠어'라고 표현하여야 한다. 그것도 안 되면 '당신이 나에게 이걸 해주면, 난 당신에게 이걸 해줄게.' 하는 방법, 어떤 조건이라도 붙여보면 된다.

그러면 저 사람은 무얼 얻기 위해 이렇게 조건 붙이는지 보일 것이다. 저 사람은 '저걸 얻기 위해, 나에게 이걸 해줄 만큼 저것을 좋아하는구나.' 하고 생각해야 한다. 그런데 문제는 그 이야기를 실컷 해놓고 나면 '네가 저걸 얻기 위해 나한테 이걸 해주는구나.'라고 생각하면 안 된다. 저 사람이 얼마나 저걸 하고 싶으면, 저것을 얻기 위해 나한테 저렇게 추구할까를 봐 주어야 한다. '이걸 얼마나 좋아할까'를 생각해야 된다. 그 마음을 봐야 된다. 그런데 보통 이 이야기하면 다른 엉뚱한 것을 하고 있다. 그 마음을 봐주지 않고 '저

것이 자기 것을 얻으려고 나한테 저렇게 하는구나!'라고 부정적으로 생각한다. 그러면 불만이 생긴다. 그런데 불만이 생기면 상대에게 표현을 해야 하는데 문제는 그것을 잘 표현하지 않고 서로에 대해 자꾸 부정적으로 생각하면 그 부부는 계속 금이 가게 되어 결국 오래가지 못한다.

예를 들어 부인이 도둑질해도 '무슨 소리야? 내 마누라는 그럴 사람이 아니다'라고 남편은 일단 막아줘야 한다. 남편은 그런 능력이 있어야 한다. 그게 부부이다. 남편이 설사 살인을 하고 들어왔더라도 '말도 안 되는 소리,' 무슨 소리하느냐고 우리 신랑은 '파리 한 마리도 못 잡는 사람이라'고 말할 수 있어야 한다. 그게 부부이다. 그런 부부가 되어야 한다. 부부는 하나이기 때문이다. 그래서 이 사람의 아픔, 이 사람이 그럴 수밖에 없는 상황을 이유야 어쨌든 일단은 차단하고, 그 사람 입장을 먼저 생각해 주고 그 다음에 그 사람에게 물어봐야 되는 것이다. 그게 부부이어야 된다.

부부는 왜 같이 사는가? 하나가 부족해서 그 하나를 채워주기 위해서이다. 혼자로서는 불완전한 남성과 여성이 만나 결혼을 한다. 부부는 서로 인정하고 격려하며 힘든 것을 도와주고 부족한 부분을 채워주면서 친밀감과 일치감을 나누고 공감대를 형성하는 동반자로서의 삶을 함께 이루어 가는 것이다. 즉, 부부는 둘이 똑같아 지는 것이 아니라 서로 다른 부분들을 인정하면서 조화를 이루는 것이다. 그래서 결혼하는 것이다.

그러니 '니 잘났고, 내 잘났고' 하면 평생 못 고친다. 달라질 수 없다. 부부는 잘 날 필요도 없고 누가 위, 아래도 없다. 예를 들어 밤일도 남자가 리더할 수도 있고, 여자가 리더할 수도 있다. 체위도 남자가 위에서 할 수도 있고, 여자가 위에서 할 수도 있다. 그게 아무것도 잘못된 게 없다. 하자가 없다. '니가 뭐, 내가 뭐', 할 필요가 없다. 그냥 인정하는 것, 그 자체가 중요한 것이다. 한날한시에 머리 올리고 어른되었다. 그러니 그냥 그 사람 자체만을 인정하는 것이 중요하다. 그러지 않으면 힘들어서 안 된다.

상담 : 이번 주엔 이유 불문하고 먼저 시작하는 사람의 이야기를 끝까지 들어주세요. 처음에는 쉽지 않거든요. 그리고 부인은 빈정거리지 마시고요. 두 분 이야기할 때 반드시 눈을 마주 보고 얘기하세요. 눈은 마음의 창이라고 이야기하잖아요. 그 사람의 마음이 어떤지 보는 거예요. 진실이 보여요. 부인이 분노로 차 있으면......, 눈을 보면 알 수 있어요. 지금 부인의 자기 속 밑바닥까지 다 나오지도 않고, 진짜 속 밑바닥까지 다 읽혀지지 않아 슬퍼요. 그러니 좀 읽어 주세요. 빈정거린다고, 참는다고 생각하지 마시고 '저 빈정거림이 가슴 속에 왜 있겠느냐고, 정말 사랑하는데 자기가 채워지지 않는 욕구 때문에 얼마나 누적되었으면 저럴까?' 하

고 읽어 주셨으면 좋겠어요. 부인은 지금 많이 슬퍼요. 자기가 채워지지 않는 욕구 때문에 슬픈 거예요. 서로 안 좋은 건 안하는 게 좋아요. 그렇죠? 그런 것을 좀 신경쓰세요.

셋째 마당

무의식적인 삶

3. 무의식적인 삶

상담 : 자, 연필 쥐시고요. 여기 이름 쓰시고요. 종이를 반으로 접어세요. 그리고 사람 얼굴 있지요? 얼굴 반쪽만 그리세요.

남자 : 그림에는 소질이 없어 가지고.

상담 : 잘 그리지 못해도 됩니다. 뭐 그리 중요하다고...... 반쪽만 그리세요. 자, 다 그렸으면 보이지 않게 종이를 반대편으로 뒤집어서 서로 바꾸세요. 그리고 나머지 반쪽을 그리세요.

〈그림 A〉

〈그림 B〉

그림 A는 부인이 먼저 왼쪽을 시작했고, 오른 쪽 반은 남편이 마무리했습니다. 그리고 그림 B는 남편이 왼쪽을 먼저 시작했고 부인이 오른쪽 반을 마무리를 했습니다.

상담 : (남편에게) 얼굴에 점이 하나인데, 이 점은 무엇이지요?

남자 : 보조개입니다.

상담 : 그림을 보여 주면서 느낌이 어때요? 여기 이 두 그림은 비슷하게 맞아 들어가요. 위치나 크기 그렇죠? 그런데 귀를 보면 크기가 조금 달라요. 부인은 지금 너무 화가 나고 속이 상하니까 귀문을 닫았어요. 그림 A의 왼쪽과 그림 B의 오른쪽은 부인이 그린 것입니다. 그러니까 상대 이야기를 듣기보다는 속상한 내 마음이 더 급한 것입니다. 그런 의미입니다. 남편 같은 경우에는 스트레스는 본인이 오히려 더 많이 받고 있습니다. 남편 분이 그린 그림(A의 오른쪽과 B의 왼쪽)에는 두 군데 다 콧구멍이 있어요. 그리고 독특하게도 보조개도 있고요. 왜 보조개를 그렸었어요?

남자 : 내가 보조개가 있으니까 그렸습니다.

상담 : 내가 있으니까 그렸다 이거죠? 물론 그럴 수도 있겠지요. 그런데 보통사람들은 내게 있어도 잘 안 그리거든요. 그런데도 이렇게 그리는 경우에는 본인을 생각했겠지만,...... 볼은 무엇인가요? 얼굴을 받혀주는 환경입니다. 환경에 점이 찍혔다는 말입니다.

환경에 점이 찍혔다는 것은 환경에 지금 어떤 문제가 야기되어 있다는 의미이다. 한쪽은 입이 열리듯이 그렸는데, 다른 한쪽은 라운드처럼 입이 닫혀 있는 모양으로 그렸다. 입이 열렸다는 것은 말을 할 때에는 말 수를 좀 줄여야 한다는 표현이다. 왜냐하면 말 중에는 쓸모가 없는 말이 들어 있기 때문이다. 그런데 라운드처럼 그린 그림은 뭘 하다가 입을 닫아버리는 경우가 있다는 것이다.

내담자가 그린 그림만 보고 읽어 주는 것이다. 그리고 한쪽은 왜 귀문을 닫는다고 말했느냐 하면, 한쪽은 귀가 있는데 다른 한쪽은 귀가 없다. 귀가 없다는 것은 안 듣겠다는 것이다.

우리는 다른 사람의 말을 들을 때에는 상대편의 이야기를 자세히 듣기 위해 귀를 쫑긋 세운다. 그러기 위해서는 귀가 보인다. 근데 어떤 말이던지 의식하고 싶지 않으면 귀문 자체를 열지 않는다. 그러니까 귀를 세울 일도 없고 그냥 딴 생각을 하게 된다. 그래서 귀문을 안 열게 된다.

그리고 눈을 보면 한쪽은 동공이 있고, 다른 한쪽은 동공이 없다. 동공이 없다는 것은 '많이 피곤하다. 지쳤다.'는 뜻이다. 전체적인 윤곽으로 보면 의외로 두 사람은 안 맞는 것이 아니고 서로 잘 맞게 되어 있다. 두 사람이 종이의 반을 접어서 서로 보지 않고 그렸는데도 불구하고 조화롭게 잘 맞는다. 이 정도의 그림이라면 두 사람이 '거의 맞다'고 봐도 될 것이다. 아주 잘 맞기는 하지만, 문제는 '서로가 없다'는 것이다. 눈동자에 동공이 열렸고 안 열렸고, 입이 열렸고 닫혔고, 귀가 있고 없고... 서로 정반대의 요인이 있다는 것이다.

내담자의 문제는 '어떤 것'에 대해 이야기하면, 어떤 것이 아닌 전혀 다른 것을 가지고 다툴 때가 있을 것이다. 시작은 이것을 꺼내놓고 나중에 가다가 보면 끝에는 엉뚱한 데에 가 있을 것이다. 그 이야기가 서로 다르게 가고 있다는 것이다. 마치 눈이 있어도 보지 못하고 손이 있어도 만지지 못하고 귀가 있어도 듣지도 못하는 것이다. 그런 것 때문에 답답하고 힘들 것이다.

그래서 지난 회기 때에 한 쪽이 이야기하면 아무리 속이 상하더라도 끝까지 들어야 한다고 했던 것이다. 내 남편, 내 부인 이야기라고 생각하면 안 된다. 내 남편 내 부인이라는 개념을 갖게 되면, 내 남편, 내 부인이기 때문에 말하는 도중에 자꾸 내 생각을 주입시키려고 한다. 그런데 다른 사람이 하는 이야기라고 생각하면 나하고 무관한데 개입을 할 필요가 없다. 우리는 다른 사람의 이야기는 끝날 때까지 기다려 줄 수 있다. 결국 기다리는 마음이 필요하다. 끝까지 들어 주고 확인하여야 한다.

당신이 지금 하고자 하는 것이 '이게, 이것이냐?'하고 구체화시켜 요점 정리를 해야 한다. 그러면서 그것이 '그렇다, 아니다'를 확인해야 하는 것이다. 만약 그것이 맞다면 그 다음에는 당신이 내게 '원하는 것'이 무엇인가? 그럼 '내가 어떻게 해 줄까?' 이런 대화가 되어야 한다. 그러면 이런 것 하나만 가지고도 문제가 해결이 될 수 있다. 대화에서 가장 중요한 것은 화려한 언어구사가 아니다. 상대를 배려하는 대화가 중요하다. 상대를 배려하지 못하는 대화는 결국은 소통이 안 되는 것이다.

내담자의 대화에서 보면, 부인은 지금 숨이 막혀 죽겠다는데, 남편은 엉뚱한 이야기를 한다는 것이다. 그러면서, 도대체 '니가 뭐 때문에 숨이 막히느냐고?' 살짝 말을 다른 곳으로 돌려버린다. 그럼 말하는 사람의 의미가 전혀 없다. 그러니까 부인의 입장에서는 막상 다른 쪽의 이야기가 나오니까 부인이 흥분하게 되는 것이다. 거기에 광분해서 공격적인 말을 토해 내니까 결론은 엉뚱한 곳으로 간다. 처음에 그 답답함은 사라지고 없는 것이다. 그런데 문제는 실컷 싸우고 보니 결말이 없는 것이다. 왜냐하면 원인은 여기 있는데, 엉뚱한데서 결말이 내려지기 때문이다. 그러니 이 대화에서 해결이 된 게 아무것도 없는 것이다. 그러니 둘다 상처만 받았고, 심리적인 공격이나 공격적인 말투 때문에 서로 상대방을 고통스럽게 했었다. 서로 상대방의 탓으로 돌리면서 자신의 책임감에서 벗어나려고 했다. 그러니 상황은 점점 더 악화되기만 했다.

부부간의 대화는 상대를 이기려고 하는 것이 아니라 서로의 마음을 주고받기 위해 하는 것임을 잊어서는 안 된다. 내담자의 경우에는 이것이 계속 누적된 것이다. 그런데 중요한 것은 실컷 싸우고 나면 성과가 있어야 하는데, 이야기가 다른 데로 빠지니까 아무런 성과도 없으며 일을 더 그르치기 쉽다는 것이다. 왜냐하면 처음 시작했던 이야기와는 전혀 다른 쪽에 가서 결론이 맺어지니까 아무것도 해결된 것이 없고 뭔가 꺼림직한 것이다. 그러니 개선이 하나도 안 된다는 것이다. 화를 내면서 걱정하는 일은 상대방의 부정적인 반응만을 불러일으킨다. 어떤 하나의 문제를 꺼내면 그 하나의 문제를 가지고 해결하도록 서로가 노력을 해야 하는데 결론은 엉뚱한 데에 가 있으니까 해결이 안 되는 것이다.

쉽게 말해서 우리 집에서부터 불씨가 시작되어 불이 붙었는데 바람이 불어 옆집으로 불이 번졌다. 그럼 내 집의 불이 원천적인 원인이기 때문에 내 집 불부터 꺼야 하는데, 바보같이 내 집 불은 안 끄고 남의 집, 옆집 불부터 끄고 있는 꼴이다. 그러니 자기 집은 다 타버리고 없는 것이다. 그러니 부인이나 남편 입장에서는 자기가 처음 시작한 것과는 전혀 다른 쪽으로 결론이 가 버리니까 속은 숯 검둥이가 되어 다 타버리는 것이다. 왜냐하면 원천적으로 내가 시작 한 것은 해결된 게 하나도 없고, 서로 언성만 높아지고 감정의 골만 깊어지니 갈등이 자꾸 이렇게 잦아지는 것이다. 그러니 서로가 아프기만 하고 발전이 하나도 없는 것이다. '이 사람이 내게 어떤 생각을 하는지? 내게 어떤 생각을 가졌는지?' 전혀 몰랐던 부분까지 알게 될 것이다. 사람들은 평소에 하지 않던 이야기도 다른 이야기를 꺼내면서 감정이 격해지면 그 동안 억압해 두었던 말을 표출하기 때문이다.

그런데 이 문제로 이야기가 나왔으면, 이 문제로 매듭을 지으면 절대 실망하지 않는다. 대화에 매듭이 잘 지어지면 평소에 그 사람에 대한 부정적인 사고를 조금 가졌더라도 과거의 실망했던 것에 대한 말이 나오지 않을 것이다. 그게 정상이다. 그런데 만약 엉뚱한 게 나오게 되면, '싫어', 이렇게 시작하여 '당신은 전에도.....?' 이렇게 나오게 된다. 그러면서 가슴 속에 골이 깊어져 묵은 감정들을 있는 대로 다 토해버린다. 그러면 부부로서 얼굴 맞대고 살기가 힘들어 질 수밖에 없다. 왜 볼 것 안 볼 것 다보고, 너무 많이 알아버린 것이다.

서로 상대방을 비난하고 무시하면서 싸우다보니 모든 잘못은 상대의 탓으로 돌리게 되는 것이다. 그로 인해 서로 주고받은 돌이킬 수 없는 상처가 얼마나 큰지조차 모른다. 부부가 서로 자기 주장만 내세우면서 상대의 생각을 자꾸 비난한다. 다시 말해 배우자의 생각을 바꾸려고 자기 생각과 자기 고집을 내세우는 악순환만 반복된다. 그 결과 아무런 해결도 되지 않고 아무른 변화도 일어나지 않는다.

내담자가 치료를 받겠다는 것은 더 이상 망가지면서 살고 싶지 않다는 의미이다. 그런데 나는 고상하고 멋있게 세련되게 살고 싶은데, 볼 것 안 볼 것 다 보여줘 버리니까 지금의 '다 망가진 내가 너무 싫은 것'이다. 내담자는 지금 그렇게 살아가고 있다.

그런데 원천적으로는 두 분의 내담자는 잘 맞는 것이다. 그림을 보면 느낄 수 있다. 서로 보지 않고 반반씩 그렸지만, 위치나 이런 것들이 거의 비슷하게 잘 맞다. 그러나 내담자가 왜 이렇게 자꾸 삐그덕 거리면서도 서로가 잘 맞는지에 대해 원인을 분석해 볼 필요가 있다. 그것은 어떤 문제가 주어졌을 때 그 주어진 것에 대한 해결이 안 되기 때문에 그렇다. 지금 내담자가 힘들어서 부부가 이렇게 서로 마주앉아 있으면서도 지금 생각하는 게 서로가 다르다는 것이다.

부부는 서로가 생각하는 것이 다르고 차이가 있기 때문에 조율해 나가야 한다. 그게 부부이다. 내 것만 옳은 것도 아니고, 당신 것만 옳은 것도 아니다. 그래서 나는 이런 생각, 당신은 이런 생각을 하니까 우리가 같이 살려면 '어느 것을 더 위주로 할까? 어떤 것을 더 위주로 하면서 살까?'를 서로 이야기해야 한다. 서로의 주장성이 너무 강해 서로가 자신을 낮추고 싶지 않아서 생긴 문제이다. 부부가 서로 낮추려고도 하지 않고 서로 지기 싫어하니까 지금 이런 모양으로 힘들게 살고 있다.

그리고 그림 A의 좌측 부분에 비해서 그림 B의 오른쪽의 필압 상태가 진하게 나타난다. A의 좌측보다 B의 우측이 더 진하다는 것은 처음에 A에 그렸을 때에는 그냥 자연스럽게 그렸었다. 그런데 상대가 그린 그림의 뒷면(B의 오른쪽)에 맞추어서 그리라고 하니까, 상대를 생각만 해도 스트레스 받는 것이다. 그래서 압(押)이 들어가는 것이다. 무의식적으로 손에 힘이 들어가는 것이다.

여자 : 아! 그렇게 되는군요.

상담 : 화가 나서, 밀려온 화가 힘으로 받혀진 것입니다. 두 사람이 그린 거잖아요. 그러니까 부인의 입장에서 부인의 에너지가 더 세니까 이렇게 압이 나온 거예요. 무슨 이야기인지 이해가 되세요? 그러니까 우리가 해석하는 것은 자기 무의식에서 움직여지는 힘의 움직임을 봐 주는 것이거든요. 또 문제는 부인에게는 없는데 남편에게는 콧구멍이 있어요. 콧구멍이 뭐죠?

여자 : 숨 쉬는 곳입니다.

상담 : 숨 쉰다는 것인데, 우리가 '코 큰 남자가 멋있다, 좋다.' 이런 농담이 있잖아요. 심지어는 코 큰 남

자를 보고 성(性)이 강하다고 농담도 하잖아요. 그런 것처럼 코는 성하고도 연관성이 있어요. 그럼 성이 숨을 쉰다는 이야기는 무슨 의미일까요? 이해 안 되세요?

남자 : 글쎄요.

상담 : 그럼 하나 물어 볼게요? 두 분이 관계를 하지 않은 지가 오래 되었다고 했잖아요? 그러면 남편 분은 어떻게 했어요? 그냥 계속 억압시킵니까?

남자 : 피곤해서 그런지 별로 생각이 안나요. 생각이 없었어요.

상담 : 생각이 없었어요? 자, 부인은 어떻게 했어요?

여자 : 그냥 그런 생각하면 화나는 데요?

상담 : 관계 자체가 생각이 들면 화가 나요? 아, 그런데 참 독특한 게 화가 나더라도 남편과의 처음하든 관계를 생각하면 화가 풀려야 정상인데, 화가 나지 않다가도 남편하고 그렇게 관계하던 생각만 하면 화가 난다는 것이지요? 그게 무슨 말인지 아세요? 남편 분 아무 감각이 없는데, 지금 그것 때문에 화가 난다면 문제는 지금 성이 많이 필요해요. 성이 필요한데, 남편으로 인해 내가 망가진 것을 생각하면 자존심이 상하잖아요. 그게 이중적으로 나타나는 거예요. 화가 난다는 거죠? 필요는 한데 지금 남편과의 상황을 생각하면 관계를 할 수는

없잖아요. 하겠다는 의지가 없어지잖아요. 그러니까 화가 나잖아요. 그러니까 억압시키잖아요. 그러면 어떻게 되겠어요? 자, 그럼 부인의 입장에서 뭘 많이 먹는 편이세요?

여자 : 많이 안 먹는데, 군것질 위주로...

상담 : 그럼 예전의 본인과 지금의 본인이 어떤가요?

여자 : 똑같은데요.

상담 : 체격의 변화가 없어요?

여자 : 지금은 조금 빠지는 중입니다.

상담 : 마음이 편해야 살이 빠집니다. 그리고 성적인 만족이 있으면 여자는 살이 찐 사람도 빠지게 되어 있습니다. 그러나 관계하던 사람이 전혀 안하게 되면 살이 빠지는 사람도 있지만, 또 찌는 사람도 있어요. 성에 대한 스트레스 때문입니다. 호르몬의 문제이거든요. 호르몬이 중화가 되어야 체격이 유지가 되거든요. 하나로 치우쳐버리잖아요. 기우뚱해지잖아요. 그러니까 그렇게 되잖아요. 남편 분 피곤해서 별 생각이 없다고 했지요. 그런데.

남자 : 네.

상담 : 죄송하지만 그게 아닌 것 같아요.

남자 : 제가요?

상담 : 네.

남자 : 나는 맞는 것 같은데

상담 : 아니요. 그럼 지금부터 계산해서 가장 가까운 시간에 자위행위를 한 것이 언제라고 생각해요? 본인이 자위행위를 언제 했다고 생각해요.

남자 : 글쎄요. 아주 오래된 것 같아요.

상담 : 그럼, 얼마나 오래되었어요?

남자 : 십년 넘게 된 것 같아요.

상담 : 십년 넘게요? 그럼 남편 분께 하나 여쭈어 볼게요? 남자의 생식기는 피곤하면 피곤할수록 자동으로 발기가 잘 됩니다. 그래서 관계를 함으로써 에너지가 축척이 되고, 쉽게 말해 배출함으로써 에너지가 축적이 되고 피로가 사라져요. 성은 그렇게 중요해요. 그런데 남편 분은 아무렇지도 않다는 개념을 갖게 된다는 것은 본인이 분명히 다른 어떤 방법이 있을 것입니다.

남자 : 제가요?……(얼버무림)

상담 : 예, 그래서 사실 이 볼에 점은 환경적인 것도 있지만, 여기에 점이 찍힌다는 것은 수줍음이 있고, 자기를 나타낼 수 없는 그런 성격이라는 것입니다. 그러니까 자기 자신을 잘 드러내지 못해요. 두 분이 참 답답하다는 것은, 음.... 남편 분 그럼 앞으로 부부관계가 필요 없다고 생각하세요?

남자 : 그건 아니죠.

상담 : 아니잖아요, 그리고 부부관계에서 성적인 것 빼고

나면 같이 살 일이 사실 별로 없어요. 그게 그만큼 중요해요. 물론 종족보존의 원칙이 있기는 해요. 그렇지만 여자는 자식을 낳아 주는 기계가 아니잖아요. 그래서 종족보존도 중요하겠지만, 더 중요한 것은 두 사람의 원활한 삶을 위해 필요한 것입니다.

부부는 하나라는 일치감, 내 편이라는 것, 유일한 개념으로 들어가야 한다. 예를 들어 부인이 도둑질을 해서 남들이 손가락질을 한다 해도 남편만은 내 부인을 막아 줄 수 있어야 한다. 또 내 남편이 아무리 잘못해도 부인만은 내 남편을 막아 주어야 한다. 그게 부부이다. 그래서 하나가 되는 것이다.

그런데 내담자의 문제는 남들은 아무렇지도 않는데, 두 사

람이 서로 이기려고 쥐어뜯고 싸우고 있다. 자기편하고 싸우는 것과 같다고 생각하면 된다. 쉽게 말해 적은 구경하고 있고 아군끼리 싸우다가 누군가가 쓰러지고 마는 모양을 하고 있다. 그러니 참으로 어리석은 짓이다.

이제부터 내담자는 지난 것은 잊어버리면 가장 좋은 방법이다. 그 이상 좋은 것이 없다. 부인은 감정이 너무 묵어버리니까, 골이 너무 깊이 패이니까 지우고 싶어도 잘 안 지워진다. 원활하게 돌아가고 싶어 해도 쉽지가 않을 것이다. 남편의 따뜻한 손으로 부인을 잡아줄 수가 있어야 한다. '귀찮아, 징그러워'해도 따뜻하게 품어 줄 수가 있어야 한다. 정말 싫어서가 아니다. 좋지만 내게 준 상처가 먼저 떠 올라 버리니까 감정이 '욱!' 해지는 것이다. 그래서 잡아 주려고 해도 받아들일 수가 없는 것이다. 가슴에 너무 쌓인 것이 많으니까 그렇다. 그걸 이해해 주어야 한다. 그 만큼 긴 세월을 그렇게 쌓이게 했는데, 몇 번 노력해가지고 '노력했다'고 말하면 안 되는 것이다. 그런 걸 생각해 보아야 한다. 그냥 호미로 골을 파는 것은 괜찮은데, 지금은 괭이로 파는 것과 같은 것이다.

대화를 잘 하는 사람은 배우자가 내 말을 잘 이해하고 받아들일 수 있도록 말한다. 배우자의 관심과 이해를 벗어난 일방적인 자기 말만 늘어놓는 것은 대화가 아니다. 그것은 강요이다. 설령 받기 어려운 말을 던지더라도 그것을 받기 위해 최선을 다하는 사람이 대화를 잘 하는 사람이다. 받기 어렵다고 포기해버리면 대화는 더 이상 이루어지지 않고 단절될 것이다.

상담 : 지난 번에 집에 가서 두 분 좀 노력해 보라고 숙제를 냈는데......

남자 : 서로 대화를 안했죠.

상담 : 안했습니까? 한 사람은 이야기하고 한 사람은 듣는 연습을 해보라고 했는데, 안 되던가요?

여자 : 할 이야기가 없던데요.

상담 : 그럼 지난 회기 상담 후에 여태까지 아무런 이야기도 없이 있었어요. 그럼 여기 올 때 따로 오셨어요?

남자 : 네.

상담 : 그럼 따로 와서 문 앞에서 기다렸다가 같이 오신 거예요? 그럼 따로 왔는데 뭣 때문에 문 앞에 기다렸다가 옵니까?

남자 : 아니, 그게 아니고 입구에 와서 만났어요.

상담 : 그럼, 지난 회기 세 번 다 항상 그렇게 맞추어져 들어와 집니까?

남자 : 처음에는 오는 차편이 불편해서 형님이 태워 주셨고, 두 번째도 마찬가지고 오늘은 제가 버스를 타고 왔어요. 마침 그 시간에 집사람이 들어온 거예요.

상담 : 그럼, 그렇게 기가 막히게 타이밍이 잘 맞추어져 온 거네요. 짜고 온 게 아닌데. 조금 늦을 수도 있고 그렇잖아요. 그런데 어떻게 딱 맞추어 온 것처럼 두 분이 같이 오세요. 이상하지 않나요? 그게 생활 습관이라는 것이에요. 두 분이서 그렇게 에너지가 잘 맞잖아요. 잘 맞는데 그걸 맞추지를 못했어요. 만약 전혀 안 맞으면 부인이 이렇게 참고 살았을까요? 반대로 전혀 아니면 남편이 이렇게 노력하며 참고 살았을까요?

남자 : 그건 아니죠.

상담 : 그렇죠. 바로 그거잖아요. 좋으니까. 내가 보기에는 부인도 그렇고 남편도 서로 좋아하면서 왜 이렇게 상처받고 있는지 이해가 안 됩니다. 남편이나 부인이 서로 미운 것은 많잖아요. 다 말하려면 날밤 지새워야 하니까 한 가지만 이야기 합시다. 남들은 모르는데, 부인의 입장에서 볼 때 그래도 '이것은 봐줄만 해' 하는 것이 있습니까?

여자 : 없어요. 지금 떠오르는 게 없어요.

상담 : 갑자기 아무것도 '안 떠오른다' 이거죠? 자, 이름 쓰시고요. 지금부터 쓰시는데 아주 구체적으로 쓰시고요. 남편은 부인의 좋은 점을 10 가지를 쓰시고요. 부인은 남편이 고쳐야 할 10가지를 쓰세요.

남자 : 쓰려니까 막상 생각이 잘......

상담 : 아주 구체적으로 쓰세요. 딱 떠오르는 것이 그것인가 봅니다.

남자 : 네.

상담 : 본인들 명의로 된 있는 집이 있습니까? 없습니까?

여자 : 있어요.

상담 : 있지요. 남편이 생각할 때 그 집을 어떻게 산 것 같아요.

남자 : 처 덕분인 것 같아요

상담 : 부인 덕분인가요. 아주 야무지게 사셨나 봅니다.

남자 : 막상 쓰려니까 10가지가 너무 많은 것 같아요.

상담 : 그러면 숙제 더 낼까요?

남자 : 네?

상담 : 그럼 50가지를 쓸까요?

남자 : 50가지도 쓰라면 쓰겠는데 당장에 떠오르지는 않네요.

상담 : 서로 보지 마세요. 부인은 신나게 쓰는데...... 남편 분, 여름휴가 없나요?

남자 : 나는 가고 싶은데 상황이 이러니까 갈 수가 없잖아요?

상담 : 보세요. 숙제를 내드렸는데, 그럼 휴가 이야기를 먼저 남편 분이 해보았으면 좋았을 텐데...

남자 : 금요일 상담 마치고 가다가 이야기하려고 했는데, 아내가 차 타고 '휑~' 먼저 갔어요. (불과 며칠 안

되었지만) 퇴근하고 나면 운동을 하려고 운동 삼아 걸어서 갔고 너무 늦어서 잤어요. 수요일은 또 아내가 운동을 가고 하니 시간이 안 맞아요.

상담 : 네.

남자 : 내가 이렇게 말하니까 듣기 싫은가 봐요.

여자 : (귀를 막음)

상담 : 왜 듣기 싫은 지가 이해가 되요.

남자 : 내가 이렇게 말하니까 가식적인가 봐요.

상담 : 아니요. 가식적인 것이 아니고, 왜 듣기 싫어하는지 아세요?

남자 : 왜 그런가요?

상담 : 첫째, 예전이나 지금이나 마음이 똑같아요. 남편은 가식이 없이 똑같은데 부인이 그것을 똑같이 하자니 스스로 자존심이 너무 상해요. 그게 이상한 것이에요. 자신을 무시하고 싶은 거예요. 이것은 남편에 대한 감정이 아니에요. 부인의 문제이지요. 남편의 입장에서는 남편 것으로 받아들여서 문제가 되는 거예요. 남편이 이렇게 이야기하는데 부인이 '에이 씨!' 하고 받아들이니까 남편은 본인 것으로 생각해 더 이상 이야기를 안 해버리잖아요. 그러니 상해 버리잖아요. 이게 문제에요. 이렇게 자꾸 반복적으로 돌아가잖아요. 이것은 부인 것이에요. 각자의 몫을 떼 줄 줄을 알아야 하는데 그

것을 끌어안고 가려고 해요. 그래서 이게 자꾸 회전이 되는 거예요. 이게 선순환이 되어야 하는데 자꾸 악순환을 해요. 역행을 하고 있어요. 시계가 거꾸로 돌아가고 있어요. 앞으로 갈려면 각자의 몫을 떼 내어 줘야 하는데, 괜히 내가 기분이 상해요. 상대가 지금 하는 행위가 다 내 것으로 받아들이니까 내가 상해요. 부정적으로 보는 것입니다. 부인이 귀를 막으니까 부인은 아무 말도 안했는데, 남편은 벌써 부인이 내 말 듣기 싫어한다고 해요. 부인이 그런 말 했어요?

남자 : 아니요. 그냥 제가 느끼기에...

상담 : 그렇죠. 바로 그거예요. 부인이 그런 말 안했는데도 왜 남편은 그 말을 해요? 남편은 본인의 느낌을 왜 상대에게 넘겨야 합니까? 결론은 바로 본인의 느낌이잖아요.

남자 : 그럼, 이럴 땐 어떻게 해야 하나요? 무시해도 되는 건가요?

상담 : 무시해서는 안 되고요.

남자 : 무시하는 것이 아니라 신경을 안 써도 되나요?

상담 : 혹시 '내 말이 상하게 한 것이 있는지' 물어 보세요.

그게 '나에게 대해서 부정적으로 말하는 것'처럼 느껴진다고 해야 한다. 느낀 그대로 이야기를 해 주어야 한다. 이야기를 해 보지도 않고 나만의 상상으로 일을 더 크게 만들지 말아야 한다. 그러면 부인이 '맞다'고 하든지 '아니다'고 할 것이다. 그럼 '듣기 싫었다.'든지 '어, 진짜 나 듣기 싫었어.' 라고 반응이 올 것이다. 그래서 '귀를 막았어'라고 할 것이다. '아!, 이것을 기분 나빠 하고 듣기 싫어하는 구나.' 그러면 내가 어떻게 해주면 우리가 서로 상하지 않을 수 있을까? 그래서 서로 이야기를 함께 나누는 것이다.

상대의 이야기를 끝까지 안 듣고 자기 기분대로 귀문을 막아버리면 안 된다. 사실 부인은 귀를 막았지만, (그게 남편에 대한 것이라기보다는) 저 소리가 본인에게 들리면서 본인 문제로 일어난 것이다. 그러니까 그게 싫은 것이었다.

여자 : 목소리가 듣기 싫었어요.

상담 : 목소리가 듣기 싫은 것은 누구 문제에요?

여자 : 내 문제에요.

상담 : 보세요. 본인 문제잖아요. 본인이 잘 알고 있잖아요. 본인 문제를 왜 자꾸 남편 문제로 보나요? 목소리만 듣기 싫어하는 것은 부인 문제잖아요.

남자 : 그러니까 제 입장에서는 제가 말을 안 하면......

상담 : 아니요. 그러면 숨 막힙니다. 그럼 말도 안하고 뭐 하려고 같이 삽니까? 같이 살 이유가 없잖아요. 앞서서 생각하지 말고 이것을 자꾸 푸세요. 목소

리가 듣기 싫은 이유가 뭐죠? 왜 듣기 싫죠. 솔직하게 이야기해요. 그래야 치료가 되죠.

여자 : 지금 이 사람이 이야기 하는 것은 다 핑계로 밖에 안 들려요. 내가 듣고 있으면, '허!, 치!' 이런 것을 싫어하니까 안 들으면 그만이잖아요. 안 들으면 그 말이 안 나올 것 같아서……

상담 : 봐요. 그것도 본인이 생각한 거잖아요. 그것도 자신의 판단이지요.

여자 : 기분이 덜 나쁘게 하려는 나름의 배려거든요. 내 행동에 이 사람이 기분이 나빴다 하니까,

상담 : 그렇죠?

여자 : 안 그러면 습관적으로 나오니까요. 한숨이 막 나올 것 같고, 이것을 표현을 해야 하는데, 그걸 못하니까 이 말을 안 듣는 게 나을 거 같아요.

상담 : 남편의 목소리를 들으면 화가 날 것 같고, 귀를 안 막으면 한숨이 나올 것 같고, 지금 그렇다고 말하잖아요.

여자 : 네.

상담 : 그렇다면 그것을 그대로 두지 말고 풀어야 합니다. 계속 그대로 둘 수는 없잖아요. 지금 이렇게 사는 남편하고 이런 감정이 있잖아요. 곪이 패인 부분이 어디로 가느냐 하면 외부적으로 가요. 이웃이나 사회문제로 가요. 다른 인간관계에서도 지금

이 목소리 패턴으로 나가면 다른 사람은 거부반응이 일어나요. 아시겠어요?

여자 : 다른 사람한테는 이렇게 하지 않지요.

상담 : 그런데 지금, 다른 사람은 나한테 별 영향력이 없잖아요. 그냥 아는 사람일뿐이에요. 그 사람들하고 나하고 관계를 맺고 사는 것은 아니잖아요. 그런데 문제는 그것을 그대로 가지고 가면 또 다른 사람을 만나도 또 이렇게 나와요. 그때는 더 강하게 나와요. 그걸 아셔야 해요. 남편하고 살고 안 살고는 그 다음 문제에요. 본인이 이것을 해결하지 않으면 평생을 이렇게 살아야 해요. 그러면 본인 스스로 화병을 만들고 자기 스스로 화를 진행시키는 것이잖아요. 왜 타인인 남편을 통해 스스로 병을 만들어요.

여자 : 남편의 목소리가 듣기 싫어요.

상담 : 그럼 부인은 내 좋아하는 것만 먹고 내가 원하는 삶을 살고 있나요?

여자 : 아니에요.

상담 : 내가 하고 싶다고 다하고 사나요? 내가 하고 싶은 것을 다하고 사는 것은 아니잖아요. 하고 싶어도 못할 때가 있고, 하기 싫어도 해야 할 때가 있잖아요. 그것하고 똑 같아요. 개선을 하고 싶으면 이 환경자체가 극복이 되어야 하잖아요. 그러면

남편을 떠나서도 누구와 유대관계가 좋아지려면, 일단 그것을 극복해야 됩니다. 극복하려면 노력을 해야죠. 귀를 막는다고 안 들리는 것은 아니잖아요. 다 들리잖아요. 그런데 왜 귀를 막아요. 상대에게 자극을 주려고 하는 거잖아요. 그렇잖아요? 아닌가요?

여자 : 그 생각이 우선으로 들지는 않았어요.

상담 : 우선으로 들지는 않았지만 밑바닥에는 그게 깔려 있잖아요.

여자 : 그런 게 있어서 내가 그렇게 행동했겠죠.

상담 : 예.

여자 : 그 생각을 하고 한 것은 아니지만.

상담 : 아니지만 남편은 그렇게 느껴진다는 것입니다.

여자 : 남편은 그렇게 생각할 수도 있겠지요.

상담 : 그렇죠. 바로 그거입니다. 그걸 인정하자는 것입니다. 그렇게 풀자는 것입니다. 잘 하고 있네요. 무슨 말인지 아시겠지요? 그리고 남편이 꼴도 보기 싫잖아요. 그런데 꼴도 보기 싫은데, 어떤 꼴이 보기 싫어요? 꼴도 종류가 있잖아요.

여자 : 다 꼴인데요.

상담 : 다 꼴이라면 남편 자체가 싫어요? 그럼 왜 같이 살아요? 이혼하면 되지. 재혼할 일이 없잖아요.

여자 : 저는 저 혼자 살고 있는데, 이 사람이 들어온 거죠.

상담 : 아, 남편이 들어온 거예요? 그럼 본인은 끝까지 남편하고 살고 싶지 않다는 게 먼저입니까?

여자 : 아니요. 지금은 잘해 보자고 온 거니까 일단,

상담 : 분명히 이야기했어요. 잘 해보자고 남편이 오셨어요. 본인도 잘 해보고자 하는 의도는 있다는 것이잖아요. 그런 의도가 있다면서 귀를 틀어막고 고개를 흔들고 하면 이게 잘 해보자는 것입니까? 아니잖아요. 서로 노력을 해야죠.

여자 : 노력은 하고 있어요.

상담 : 예, 하는데 쉽게는 안 되겠지요? 패인 데가 있으니까...... 그렇지만 안 되지만 안 된다고 생각하기 이전에 '지금 당장 고치지 않으면 내 인생은 낭비된다는 것'을 잊어버리지 마세요. 지금 여기 와서 이런 시간 낭비예요? 낭비 아니에요?

여자 : 전 낭비라고 생각하지 않아요.

상담 : 그럼 잘 살고 있으면 이렇게 할 필요도 없는데,

여자 : 다시 잘 살려고 온 과정이기 때문에 ......

상담 : 오케이, 그럼 되었어요. 남편 분.

남자 : 네.

상담 : 아셨죠?

남자 : 네.

상담 : 잘 살고 싶데요.

남자 : 저도 그래요, 맞아요. 저도 그러는데.....

상담 : 예.

남자 : 제가 처음에 상담 요청했을 때도 그런 말씀 드렸을 거예요. 치료가 목적이기는 한데, 이 사람이 쌓인 게 많으니까 그걸 우선적으로 좀 풀고 싶었어요. 그래서 말씀 드렸고요.

상담 : 그래서 남편 분은 욕 먹을 각오하셨어요? 그래서 제가 좀 있으면 남편 분의 '머리 쥐어뜯어라'고 할 거예요.

모두 : 웃음

남자 : 그런데 휴가도 다가오고 빨리 좀 치료 되었으면 좋겠어요. 개인적으로는 직장 다니면서 며칠 얻은 휴가인데 이런 일이 없었다면, 둘이서 사이좋게 보낼 수만 있다면 지금 잠깐이라도 '옛날로 되돌릴 수 있으면 좋겠습니다. 그 휴가기간 만이라도 잘 지내고 또 갔다 와서 가지고 이런 문제를 해결할 수 있다면......' 하는 것이 지금 솔직한 심정이에요.

상담 : 한번 가보세요. 휴가 갈 생각 없으세요?

여자 : 애를 봐야 합니다.

상담 : 애가 있으세요?

여자 : 형님 집 애요.

상담 : 형님 집 애를 봐 주세요? 조카를요, 큰 집 애들을 봐주고 있어요?

여자 : 네.

상담 : 그럼 뭐, 남편 분한테 문제가 있는 거네. 그럼 휴가 가기 전에 애들 보는 문제를 해결해 주어야 하네요.

남자 : 그 부분은 해결할 수 있어요

상담 : 그럼, 그 부분부터 먼저 해결하세요. 그래야 부인이 마음을 내든지 말든지 할 것 아니에요. 애 보는 것은 이미 맡아져 있는 건데, 해결책도 없으면서 휴가 가자면 안 되죠.

여자 : 죄송한데요. 하여튼 큰 사건이 있고, 예를 들어 누구 생일이 있다든지 결혼기념일이 있다든지 그래요. 그 전에 안 싸우고 그냥 평소대로 갈 때에는 아무렇지도 않게 넘어가거든요. 저는 그게 기분이 나쁜 거예요.

상담 : 음~

여자 : '일부러 또 저런다. 저거. 큰일이 있으니까, 참 가식적이다.' 속에서 부글부글 끊는 거예요.

상담 : 응, 알겠습니다. 이제 대충 알겠습니다. 그럼 남편에게 하나 물어볼게요. 남편 분, 부인한테 결혼 선물 해 주신 적이 있으세요?

남자 : 결혼 선물요?

상담 : 예, 솔직히 말해요. 자진해서, 알아서 그 날자에 맞추어서 선물해 준거요. 1주년 때는 뭘 해 주었

어요?

남자 : 별로 기억이 없어요.

상담 : 그럼 2주년 때는요?

남자 : 1주년 때도 기억이 안 나는데 그게 기억이 나겠어요?

상담 : 그럼 작년에는요?

남자 : 작년에……

여자 : 그때에는 이혼한다고 난리를 지어서 뭐.

상담 : 그럼 재작년에는요? 도대체 해 준 게 없지요. 아이구 부인이 열 받을만 하네요.

여자 : 생일 때 어떻게 했는지 한번 물어 봐 주세요? 삼년 전 생일 때…

상담 : 네 한번 물어 봅시다. 삼년 전 생일 때 뭘 해 주셨어요?

남자 : 모르겠는데

여자 : 화분 던져 주고 노름하러 갔어요. 훌라, 도박하러 갔어요.

상담 : 아, 화분 사다 주고……, 생일날 화분은 왜 사다 주었어요.

여자 : 내가 화분을 좋아하니까 그랬을 것 같아요.

상담 : 그럼 부인한테도 문제가 있어요.

여자 : 금방 말라 죽는 화분 두 개를 사주고 형님들하고 훌라 치러 갔어요.

상담 : 부인한테 할 말이 있습니까?

남자 : 지금 생각하면 많이 잘못된 것 같아요.

상담 : 변명할 여지가 없지요. 어떻게 생일도 까먹고 결혼 기념일도 까먹어요.

남자 : 까먹지는 않아요.

상담 : 많은 남자들이 '왜 남자만 여자한테 선물해야 하나요?' 이렇게 말해요. 왜 남자가 여자한테 선물해야 하는지 아세요?

남자 : 잘 모르겠습니다.

상담 : 그렇죠. 자, 이럴 때 목소리 크죠? 왜 남자가 여자한테 선물을 해야 하는가 하면 남자는 결혼을 하면은 제자리에 있습니까? 움직입니까?

남자 : 제자리에 있지요.

상담 : 그럼 여자는 결혼을 하면 제자리에 있습니까? 움직입니까?

남자 : 움직이죠.

상담 : 호적을 파가지고 옮깁니다. 뿌리 채 뽑아가지고 이쪽 화분(친정)에서 저쪽 화분(시집)으로 옮깁니다. 화분을 옮겨 오니까 분갈이라도 잘 해주어야 할 것 아닙니까? 밑거름이라도 주어야 할 것 아닙니까? 그게 그겁니다. 그런데 밑거름도 안 줘. 분갈이도 안 해줘. 그럼 말라 죽지요. 영양분이 없잖아요.

여자 : 그런데 다른 사람한테는 '너무 열심히 비료를 줬어' 라고 이야기하고 다녀요.

상담 : 그럼, 남편 분이 너무 가식적이네요. 그러니 부인의 입에 가식적이라는 말이 입에 붙어 있는 이유가 바로 그거네요. 남편 분 이제 이해되세요?

남자 : 그게 내 본심인데, 받아들이는 것을 그렇게 받아들여서 그런 거잖아요?

상담 : 알아요. 그게 본심인 줄도 아는데, '이 때까지 보여 준 게 가식이었다.' 이거죠. 사실 그것도 본심인 줄 알아요. 부인이 '나를 사랑한 것도 알아요.' 아는데, 마음이 진짜라는 걸 알면 뭐해요. 행동으로 보여주어야지. 여자는 마음만 중요시 하는 게 아니라 보여 줘야 합니다. 심순애 이야기 몰라요? 그래서 여자는 나이가 들면서 '사랑보다 돈이다.'는 것이지요. 그러니까 뭔가 드러나게 해 줘야 좋아하지. 많아서 좋은 게 아니에요. 뭔가가 나한테 두드러지게, 나만을 위해, 그 날을 챙겨 준다는 거 그게 행복이에요. 다른 것은 안 해도 앞으로 그것을 꼭 챙겨요. 자, 매달 14일이 무슨 날인지 아세요? 기념일이에요. 8월 14일이 무슨 날인지 아세요? 한번 찾아보세요. 당분간 생일, 결혼기념일이 지났는지 잘 모르지만...... (부인이 웃는 것을 보니) 얼마 안 남았구나.

남자 : 그런데 며칠 전에 처음 만난 날에는 있는 것 없는 것 탈탈 털어 가지고 선물해 주었어요.

상담 : 뭘 해 주셨어요?

여자 : 뭔지 아직 안 뜯어 봤어요. 그리고 그 때는 이미 싸우고 있는 중이라서 눈에 들어오지도 않았어요.

상담 : 응, 상황이 그렇지요. 이해되시죠?

남자 : 네.

상담 : 그래서 작은 것이 중요한데, 너무 큰 것 바라고 그러는 것은 아니에요. 그냥 내 마음 챙겨주고 '그 날은 나를 위해서 있는 날'이라고 하는 느낌이 들게끔 해주면 되요. 그럼 다른 날들은 조금 싸우더라도 부인이 이해해 주려고 노력을 해요. 그런데 다른 날을 이해받으려고 아무리 노력하면 뭐 합니까? 정말 중요한 날은 펑크를 내는데, 그러니까 가식으로 본 거에요. 남편 분이 착하다는 것은 아시죠? 그렇죠? 차마 대답을 못하겠답니다. 눈만 벙긋하는 걸 보니까.

여자 : 착한 것인지, 연애 때는 그렇게 봤어요.

상담 : 그런데 지금은요?

여자 : 지금은 짜증나죠.

남자 : 착한 척 한다는 것이겠지요. 뭐.

상담 : ~척도 아닌 것 같아요.

여자 : 척은 아니에요.

상담 : 아니랍니다. 보세요. 넘겨짚지 마세요. 남자 분은 본전 못 찾는다니까요. 다 놓쳐도 되지만 제일 중요한 게 첫째, 부인 생일 둘째, 결혼기념일 거기다가 매너가 좀 있다면 매달 14일 챙기는 것을 잊지 마세요. 유일하게 발렌타이 데이는 여자가 남자를 챙겨주는 날입니다. 그 외는 같이 하거나 남자분이 여자에게 챙겨주는 것입니다. 무슨 이야기인지 아세요? 8월 14일이 무슨 날이에요. 한번 찾아보세요. 그린데이입니다.

남자 : 서로 존대하는 것, 그런 것은 어떤 것이에요?

상담 : 그것은 두 사람이 서로 합의해서 해요.

남자 : 저는 이 사람이 기분이 괜찮을 때 그런 이야기를 했었어요. 서로 존대를 하면 기분도 더 좋겠는데...... 지금은 마음이 상해 있으니까 지금은 그 말이 쏙 들어갔는데, 존대를 하다 보면 말이 심하게 하는 것도 순화가 되지 않을까 생각해요.

상담 : 아! 그렇게 생각한다 이거죠? 과연 그럴까요?

남자 : 그런데 사람이 기분 좋을 때랑 나쁠 때는 또 다르잖아요.

상담 : 그런데 서로 존대를 하게 되면 좋을 수도 있고요. 거리감이 생길 수도 있어요. 오히려 사람들을 보는데도 그렇고 '네' '네' 하잖아요. 우리가 부부간에 싸움을 할 때에 정말 괘씸하고 완전히 남들처럼

지내자 하는 것 같잖아요. 가깝기 때문에 반 높임 말 있잖아요. 부인을 부를 때 뭐라고 하세요.

남자 : '자기야', '여보'할 때도 있어요.

상담 : 남편을 어떻게 부릅니까?

남자 : 자기야

상담 : 아직 연애 중이네요. 남편은 부부간에 예대(禮待) 중에 '자네'라는 용어를 쓰면 부인을 부를 때 '자네'가 하면 반존대(尊待)도 되고, 반하대(下待)가 되기도 합니다. 딱 적절하게 씁니다.

넷째 마당

실패에 대한 새로운 승리감

4. 실패에 대한 새로운 승리감

상담 : 예, 어서 오세요, 잘 지냈어요?

여자 : 예전이랑 처음 봤을 때랑.....

상담 : 좀 달라지셨어요?

여자 : 네, 많이

상담 : 남편 분은요?

남자 : 예, 저도

상담 : 근데, 남편 분은 착한 게 병입니다. 여자의 마음을 너무 몰라요. 사람이 나빠서가 아니라 내면이 너무 착해요. 문제는 사랑을 너무 모르니까 여자 마음에 대해 생각 자체를 못하고 살았던 거예요. 그냥 내 마음 같이만 여긴 거예요. 그냥 '아' 하면

왜 그러는지 알거라고 생각한 거예요. 문제는 나는 '아' 해도 부인은 '어'로 들릴 수 있거든요. 그걸 몰랐던 거예요. 솔직히 남편 분이 부인한테 너무 힘들게 했고, 너무 아프게 했다고 하면, '도대체 뭐지?' 하는 부분이 있죠? '내가 뭘 그렇게 잘못했지?' 하는 게 있을 거예요.

남자 : 네, 억울하죠.

상담 : 그게 부인의 입장에서는 가슴이 무너져 내려 앉은 거예요. 쉽게 말하면 억장이 무너진다고 하면 돼요. 이제 더 이상 무너질 게 없었던 거예요. 남편은 그걸 아셔야 합니다. 그리고 부인한테도 문제가 있었던 게 처음부터 표현을 안 했잖아요?

여자 : 네.

상담 : '나는 당신한테 이걸 원해' 아니면 '이렇게 해줘' 라는 걸 부드럽게 귀문을 닫지 않게끔 얘기를 했어야 돼요. 문제는 부인이 처음엔 자기가 알아서 그냥 다 해주었잖아요. 계속 해주기만 하다가 힘들어지면서부터 갑자기 표현하기 시작했잖아요. 힘들어져서 표현하는 건 공격으로 들리거든요. 그러니 남편은 부드럽게 안 들린다는 말이에요. 공격으로만 들리니까 귀문이 닫히고 자기에게 필요한 것만 듣게 돼요. 그러니 건성건성 듣고 기억에 없는 거예요.

여자 : 부드럽게도 분명히 얘기했는데, 못 알아들은 건지, 부드럽게 얘기한 게 이 사람에게는 안 들렸겠죠,

상담 : 남편 입장에선 그 말 자체의 의미를 몰랐던 거예요.

여자 : 의미를 모른다? 그렇게 이야기하니까 이해가 되네요.

상담 : 또 남편하고 부인하고 성장해 온 배경이 다르잖아요. 그게 어렸을 때 만나면 모르지만, 나이가 스물 몇 살 되어 만났으니, 이십 몇 년 동안 생활 속에 젖었는데, 나는 이렇게 해 왔는데, 우리 집에선 이렇게 했는데....., 그렇지만 상대는 '내가 봤을 때 아닌데, 무슨 소리야?' 이렇게 되는 거죠.

우리는 살아온 환경이 다르니까 받아들이는 게 다를 수밖에 없다. 동화책에 이런 이야기가 있다. 엄마 오리와 아기 오리가 있는데, 엄마 오리가 아기 오리에게 '아가, 오리는 꽥꽥 그러는 거야'라고 했더니, 아기 오리가 '멍멍'한다. 그러니까 엄마 오리가 답답할 수밖에 없는 것이다. 그래서 그건 '강아지가 우는 소리야, 너는 꽥꽥해야 되는 거야' 하니까 이 아기 오리가 이제는 강아지 소리도 내지 않는다. 대신에 '부엉'을 한다든지 다른 소리로 또 바꾸어 버리는 것이다. 이 아기 오리는 오리로 태어났지만, 엄마 옆에서 엄마의 것을 본 게 아니라, 강아지 속에서 살았던 것이다. 그러다보니까

거기에 익숙해진 것이다. 그러니 엄마가 '꽥꽥' 하는 데도, 아기 오리는 오지 않는다는 것이다. 강아지들 속에서 자랐으니까, '멍멍'만 들릴 뿐이다. 그게 각자의 환경 속에서 살았다는 것을 의미한다. 다시 말해 꽥꽥으로 태어났지만, 멍멍으로 자란 것이다. 그 환경에서는 '멍멍'할 수밖에 없는 것이다. 어느 날 엄마가 '꽥꽥'이라고 하니까 아기 오리는 이해가 안 되는 것이다. 그러니까 아기 오리는 오기가 생기는 것이다. 아니야, '멍멍이야.'라고 우긴다. 문제는 멍멍을 자꾸 틀렸다고 지적하니까 더 이상 틀리고 싶지 않아 그 속에서 들은 다른 소리를 내는 것이다. '부엉'을 한다든지, '음메'라고 하는 것이다.

부부는 서로가 다른 환경 속에서 자랐다는 걸 우리는 인정하여야 한다. 가족문화가 다르고 경제수준이 다르고 교육환경이 다르다는 것을 이해해야 한다. 그리고 진정한 부부가 되기 위해선 정확한 자기표현을 해야 한다. 정확하게 표현했는데도 불구하고, 자기가 들은 것은 자기 나름대로 해석을 하게 된다. 왜냐하면 자신의 환경에서 보고 들은 것으로써 해석을 하는 것이다. 따라서 우리가 정확하게 표현을 해도 받아들이는 사람의 해석이 달라질 수 있다는 것이다.

예를 들어 남편이 부인에게 사랑할 때 '자기야 사랑해' 하면 그냥 사랑스럽게 기분 좋게 들린다. 그런데 만약 부부 사이가 나쁘면, 남편이 부인한테 '자기야 사랑해' 하는데 부인은 '놀고 있네, 사랑 좋아하네'로 들리는 것이다. 남편은 예전이나 지금이나 힘들어도 사랑하는 마음이 그대로 있어서 '사랑해'라고 아주 부드럽게 했는데도 불구하고 '놀고 있네'로 들린다는 것이다. '사랑, 무슨 사랑, 사랑이 밥 먹여주나?' 이렇게 들리는 것이다. 마음이 열리지 않는 한 아무리 '옳은 소리도 개소리'로 들리는 것이다. 반면에 사랑하는 마음이 생기면, 개소리를 해도 옳은 소리로 들린다. 그게 심리적인 반응이다.

부모는 아이가 시험성적을 100점 받아 오면 대견스럽기도 하지만 무엇이든 다 잘하는 아이로 만들어 버린다. 그런데 아이가 나쁜 성적을 받으면 엄마한테 잘 보이려고 청소도 하고 빨래도 하고 이것저것 최선을 다해 열심히 함에도 불구하고 '됐다, 공부나 해라, 공부도 못하는 게' 이렇게 말하면 아이는 다 망가지는 것이다. 부부 사이도 똑같다. 아무리 잘 해도 하나가 잘못되면 전체가 무너지게 만들어버린다. 환경이 다른 건 아이가 만든 게 아니다. 부모들이 만든 환경에서 아이가 자랄 수밖에 없는 것이다. 그렇지만 결혼을 해서 가정을 만들었을 때는 내 환경을 새로 만든 것이다. 새로운 독립된 하나의 가정이다. 따라서 결혼을 하여 부부가 되었으면 처음부터 시작해야 한다.

옛날 성격을 가지고 오면 안 되는데 내담자는 둘 다 옛날 성격을 그대로 가지고 온 것이다. 그러니까 부인 입장에서는 그저 알아주겠거니, 내가 이렇게 하면 말 안 해도 그 정도는 알거라고, 그 정도는 눈치 챈다고 생각했던 것이다. 그래서 무조건적인 희생을 했던 것이다. 남편 입장에서는 그냥 가만히 있으면 해결이 다 된다고 생각하고 살았던 것이다. 부인이 다 해주니까 가만히 있으면 '저절로 다 되는구나, 원래 그런 것이다'고 받아들이는 것이다. 그러니 부인이 등골이 빠지고 휘어져도 남편은 '원래 그런 거야'라고 생각하는 것이다. 근데 그것을 두 사람 다 처음부터 얘기하고 조율했더라면 이렇게 골이 패이진 않았을 것이다. 그게 너무 지쳐 이제는 가슴에 멍이 들고, 고름이 생겨 아픈 것이다. 결혼을 할 땐, 사랑은 '어떤 식으로 해야 되고, 사랑해서 결혼했을 땐 부부는 어떤 마음으로 아기를 키우고 살아갈지......' 그런 것을 신중하게 생각해 보아야 한다.

내담자는 각각으로 보면 너무 착하고 예쁘다. 너무 예쁜 사람들끼리 만나긴 했는데, 그 예쁜 걸 서로에게 맞지 않은 예쁨을 가지고 있는 것이다. 각자의 예쁨이다. 부부가 되면 한 울타리 안에서 같이 텃밭을 이뤄야 하기 때문에 함께 예뻐야 한다. 울타리는 같이 있는데, 그 안에서 같이 심을 수 있는 게 아무것도 없는 것이다. 바로 그런 문제 때문에 마찰이 있었던 것이다.

상담 : 남편 분은 내가 잘못한 거 같은데, 그게 뭔지를 몰랐던 것이에요

남자 : 예, 그렇죠. 물어 보면 '그것도 모르느냐?'고 무시하고

상담 : 그러니까 부인은 퉁명스럽게 나갈 수밖에 없고...... 왜냐하면 부인은 나름대로 내가 '이렇게 하면 이렇게 해줄 거라' 생각했는데, 남편은 '당연히 하는 것'으로 생각했으니까 할 줄을 모르는 것이다. 주는 것은 당연히 주는 것이니까 당연한 것을 빼버리면 '왜 저런 특별한 행동을 하지'라고 느껴지니까 내가 뭘 해야 될지 감을 잡지 못한다. 이럴 때 부인은 여차여차 하니까 '나는 이렇게 해야 돼. 나는 이것을 원해'라고 설명을 해줘야 돼요.

남자 : 지금 생각해 보면 집사람이 그렇게 하면 전 변명을 했던 거 같아요. 그러니까 화가 났든 것 같아요.

상담 : 변명을 하면 상대는 당연히 화가 나지요. 이제 이해되시죠? 바로 그거거든요. 쉽게 말하면 부인이 착한 게 병이고, 남편도 착한 게 병이었던 거예요. 두 사람 다 너무 착하고 예뻐요. 그런데 그 예쁜 걸 서로 지켜주지 못했던 거예요.

부부는 가정을 이루는 근본 요인이다. 그래서 서로 의지하며 지켜주어야 한다. 남자는 가정에서 기둥이라고 한다. 기둥이 중심을 바로 잡아야 여자는 울타리를 치고 그 안에 들어가려고 한다. 여자는 남자에게 든든한 기둥을 세워달라고 하는 것이다. 사랑받고 싶은 게 여자이다. 남자가 사랑을 주면 여자가 받고 싶어 한다. 그런데 남편의 사랑은 가정 안에서의 사랑이어야 한다. 내담자의 문제는 남편이 사랑을 받기만 하려고 했다. 반대로 했으니까 부인 입장에서는 버거운 것이다. 내가 말하지도 않았는데, 배우자가 알아주길 절대 바라지 마라. 부부는 늙어 죽을 때까지 표현해야 한다. '당신 나 이것 해줘, 당신 이렇게 하면 내가 이렇게 행복해져'. '당신이 이렇게 해주면 난 마음이 이렇게 돼'라고 말해야 한다. 우리는 표현을 해도 다 모른다. 그게 사람이다.

모든 것을 다 표현을 한다 해도 서로 곡해가 생긴다. 그게 부부간이다. 서로 다른 환경에서 자라 표현방식에 차이가 있고, 그 차이가 오해를 부르기 때문이다. 표현을 하되, 서로 아프지 않는 방법으로 표현해야 하는 것이다. 아무리 상대가 나를 힘들게 표현해도 공격성을 가지면 안 된다. '왜 그렇게 해!'가 아니다. '당신이 그렇게 하니까 내가 마음이 아파, 내가 불편해, 내가 속이 상해' 이런 멘트를 써야 한다. '왜 그래!' 하면 상대는 공격을 받기 때문이다. 인간은 귀에 쇠 소리가 나면 자동으로 귀문을 닫게 되어 있다. 귀문이 닫히면 소리가 흘러가버린다. 그러면 아무리 이야기해도 제자리걸음이다. 그래서 도대체 '내 말을 어디로 듣는 거야' 하는 것이 바로 그런 것이다.

남자 : 그런 것도 보면 대화를 하는데, 이야기를 주고받는다고 대화가 아니잖아요?

상담 : 대화도 기술이 중요하죠.

남자 : 이야기를 주고받는다고 대화가 아닌데

상담 : 그건 대화가 아니지요.

남자 : 그런데 그렇게 생각했던 것 같아요. '우리 이야기로 풀자. 대화로 풀자'라고 했는데. 집사람이 이야기하는 걸 받아줄 준비도 안 되었으면서 그냥 이야기만 하려고 했던 것 같아요. 지금 돌이켜보면 그랬던 것 같아요.

상담 : 대화는 여기서 톡하고 건너가면 저기서 톡하고 받아주어야 돼요. 그래서 마치 공놀이처럼 '핑퐁대화'를 하여야 해요. 두 사람의 문제가 무엇이냐 하면 여기서 톡 치면 저기서 받지 못하고, 또 톡 치면 받지 못하게 되면 그것은 대화가 아니지요. 그러니까 대화를 던지는 사람도 상대를 배려해서 던져야 하고, 받는 사람도 최선을 다해서 받으려고 노력을 해야 하는 것입니다. 설사 톡 쳐서 받아도, 엉뚱한 방향으로 가면 내가 지금 이 이야기를 하는데, 다른 이야기를 하니까 소통이 안 되지요. 나는 탁구공을 던졌는데, 받는 쪽에선 배구하자고 하면 뭐가 되겠어요? 당연히 안 맞지요.

남자 : 지금까지 몰랐던 그런 방법을 이야기해줘서 감사한데, 저도 제가 이 자리를 빌어 집사람한테 이야기하고 싶은 건, 솔개라는 새가 있어요. 수명이 35

년 정도 된다는 걸로 알고 있거든요. 그 솔개가 35년생을 마감하기 전에, 자기희생으로 인해, 고통으로 인해 35년을 더 살 수도 있고, 그 35년으로 생을 마감할 수도 있다고 들었거든요. 지금 생각해 보면 대충 그 정도 살지 않았나 싶고, 저도 집 사람한테 하고 싶은 말은 좋게 의미를 생각해서 지금이라도 늦지 않았다고 생각하고, 그리고 나쁜 마음이 있어서 그랬던 게 아니고, 그 표현방법을 몰라서, 지금까지 왔는데, 그런 방법을 둘이서 잘 하고 싶어요.

상담 : 그래서 부부가 살아가는 데는 조금만 자기마음을 알아주면 좋겠는데, 문제는 내 마음을 내가 다 몰라 갈등을 일으키거든요.

그래서 정신분석은 내면적 갈등요인을 해소해 주는 것이다. 하물며 내가 내 자신을 결정하지 못해서 갈등하는데, 부부는 서로 다른 환경에서 살았던 사람인데 표현을 하지 않으면 모른다. 예를 들어 '나, 저 짜장면 먹고 싶어'라고 말을 해야만 상대가 정확하게 알 수 있는 것이다. 말을 하지 않으면 그 사람의 속을 알 수가 없다. 그냥 '이 때까지 같이 살면서 말 안하면 모르나?' 이러면 안 된다. 이 때까지 살아도 오늘은 짜장면이 먹고 싶지 않을 수도 있다. 오늘은 짜장면이 질려서 짬뽕을 먹고 싶을 수도 있는 것이다.

그런데 짬뽕을 먹고 싶은데, "나는 짬뽕을 먹고 싶다"고 표현을 하지도 않고서 '알아서 시키지' 하면 안 된다. '여태까지 살면서, 이제는 눈치 좀 채라, 눈치도 없이 짜장면을 시켰냐'. 이렇게 되면 서로 싸우자는 것이다. 여태까지 '짜장면을 먹었지만 오늘은 짬뽕을 먹고 싶어'라고 정확하게 표현해야 한다.

부부관계도 마찬가지의 원리가 적용된다. 부부가 서로 같이 안고 자면서 맨날 똑같은 체위만 하면 질리기 마련이다. 체위도 변경해야 되는 것이다. 리더를 바꿀 수도 있어야 한다. 남자가 먼저 리더할 수도 있고, 여자가 먼저 리더할 수도 있다. 그래서 부부가 행복하게 사는 것은 서로의 의사를 전달하고 공감하는 것이 필요하다. 그러기 위해서는 내 의사를 정확하게 전달해야만 한다. 대화는 그만큼 중요하기 때문에 우리가 계속해서 배워나가야 하는 공간을 찾아야 한다.

또한 부부 간에 대화는 서로 진실해야 한다. 서로 속이거나 숨기거나 하면 '이 사람이 하는 말은 모두 다 거짓말'처럼 느끼게 된다. 한번 거짓말하는 것이 들키면 당신은 거짓말만 하는 사람이라고 낙인 찍혀버린다. 어떤 문제가 생겨 어쨌든 지금 이 상황이 더 이상 나빠지지 않으려고 거짓말 한번 했었는데, 상대는 '나를 속였다'고 생각하지 '가정을 깨지 않기 위해 거짓말을 한다'는 생각은 안 해준다. 그러니까 부부간에 대화가 원래대로 돌아가지를 못하는 것이다. 이렇게 소통이 되지 않으니 부부 사이가 좋아지지도 않고 오히려 더 악화되기도 한다.

상담 : 부인은 스트레스 받으면서 살이 찐 것이네요.

여자 : 저는 쪘다가 지금은 살이 빠졌는데..

상담 : 그런데 스타일에 따라 달라요. 부인은 스스로 말라 가고 있고, 그러니까 힘이 없어지잖아요. 다행히 목소리에서 힘이 느껴져요. 부질없다고 생각이 들 땐 벌써 늦었어요. 그런 걸 실수하지 않으려면 부부는 정확한 표현을 해야 돼요.

부부로서 살아가다 보면 서로 마음에 들지 않는 부분들이 많이 생기기 마련이다. 서로의 여건과 환경이 다른 상황에서 성장했기 때문이다. 혹시 서로 마음에 안 드는 게 있어도 '왜 그래?' 라고 부정적으로 표현하면 상대가 공격으로 받아들인다. 차라리 당신이 이렇게 하니 '이렇게 보여서 나는 싫어.' 라고 말하는 것이 좋다. 그것을 고치고 안 고치고는 상대가 생각해야 되는데, 그것을 '고쳐!' 하고 지적해 버리면 상대는 오기가 생겨 '내가 왜 고쳐야 되는데?' 이렇게 반응할 수도 있다. 부정적인 대화는 우리의 생각이나 감정, 행동 등에서 부정적으로 반응할 수 있다. 우리 인간은 어떤 경우에도 지시받는 것을 싫어한다. 내 인생에서 내가 주인인데 어느 누가 지시받길 원하겠는가. 인간은 누구나 지시하고 싶어할 뿐이다. 그래서 상대를 배려하려면 내 표현을 제대로 해야 한다.

내가 이 공을 '여기로 던질게' 하면 그 공을 받든지 받지 않든지 하는 건 상대방이 선택할 것이다. 그런데 '이 공을 던질게'라고 말도 하지 않고 던지면 그 공이 어디로 갈지도 모른다. 그런 상황에서 내가 공을 던졌는데 너는 '왜 안 받아?' 하면 상대는 당황스럽다. 공을 어디로 던질지도 모르는데, 그것을 못 받는다고 비난하면 안 되는 것이다.

내담자의 경우, 부인은 표현을 하긴 했었는데, 귀문을 열게 한 것이 아니라 오히려 귀문을 닫게 했었다. 귀문이 닫히니까 기억이 안 나는 것이다. 이런 상황에서 남편은 때때로 이야기하다가 억울할 때가 있을 것이다. 내가 귀문을 닫아놓으니까 들은 게 없는데, '왜 저 소리를 하느냐?'고 따지고 싶을 때가 있을 것이다. 왜냐하면 귀문이 닫힌 상태이기 때문이다. 그러니까 '들은 기억이 없는 것'이다. 그런데 부인은 내가 '몇 번을 이야기했잖아'가 되는 것이다. 문제는 그 몇 번이 내 느낌이었으면 괜찮은데, 상대의 지적이었던 것이다. 그런 부정적인 지적 때문에 부부간의 갈등이 일어나는 것이다.

부부간의 대화는 먼저 배우자와 자신을 배려하고 존중하는 태도로 대화를 해야 한다. 대화에서 언제나 중요한 것은 존중하고 인정하는 긍정적인 태도를 갖는 게 원칙이다. 내 기분을 전달하는 것, 내가 원하는 게 있으면 '나 이게 좋아, 이거 갖고 싶어' 하면, 상대가 보고 해줄 만한 상황이면 해줄 수 있는 것이다. 상황이 안 되면, 내가 형편이 안 되는데 다이아몬드를 해달라고 하면 해줄 수는 없겠지만……

남자 : 지금 직장에서 점심시간마다 운동을 해요. 탁구를 제가 좋아하기도 하고, 동호회 활동을 좀 하려고 하는데, 라켓이 있잖아요, 장비가 아무래도 좀 좋으면 좋잖아요. '비싼 건 40만원 정도 한다더라, 마음 같아서는 그것 사고 싶다'라고 얘기했죠, 그런데 돌아오는 대답이 우리가 지금 그런 것 살 입장이 되느냐…….

상담 : 내 표현을 '사고 싶다' 그렇게 얘기하니까, ……

여자 : 이렇게도 안했어요.

상담 : 안 했겠지, 내가 그래서 물어보잖아요. 어떻게

했죠?

여자 : 탁구 라켓을 사야 된다. '40만원 정도한다'더라. 이랬어요. 그래서 제가 그랬어요. 농담으로 한 건 알겠는데, 우리 형편이 안 되는 걸 알면서 나한테 얘기하는 것 자체가 기분이 안 좋다. 4만원까진 사줄 수 있어요. 그 말 끝나자마자 헬스 신발도 필요하다.

상담 : 근데, 남편 분이 참 요령이 없습니다. 부인 같은 경우에는 남편이 이렇게 어려워하는 걸 보고 사주고 싶었을 건데……, 남편이 '저것을 갖고 싶어 한다는 것'을 알게 해주었으면 부인이 사줄 수도 있는데요.

남자 : 그래서 이 사람이 낮에 전화 왔었어요.

여자 : 마트 가니까 탁구 라켓이 있더라고요, 자기가 탁구 라켓이 필요하다고 했으니까 10,800원하는데 이거 사 줄까 하니까, 그거는 좀 그렇다고…… 알았다고 끊었죠.

상담 : 부인이 해주고 싶은 마음이 있을 수 있어요. '우리 형편이라는 게 있으니까……,' 근데 문제가 뭐냐 하면, 표현을 그렇게 하면 안 돼요. 라켓이 갖고 싶잖아요? 그럼 부인한테도 최선을 다했어야죠. 내가 원하는 걸 얻으려면 상대가 원하는 것도 다 해줘야죠. 어느 정도 풀렸다고 내가 원하는 것만 다

말하면 상대는……

여자 : 제가 그 말을 했어요. '내가 다 풀린 것 같으냐'고 왜 평소처럼 하냐고

상담 : 그러니까 남편 분은 아직 멀었다는 거예요.

남자 : 있잖아요, 지금까지는 그랬던 거 같아요. 제가 필요한 게 있으면 '내가 해주면 뭘 해줄래?'라는 것으로 표현했잖아요? 대가성이 필요하냐고, 그런데 그게 맞다고 했잖아요.

상담 : 물질적인 것을 하라는 게 아니라, 이만큼 노력하고 최선을 다한다고 느끼게 할 때는, 40만원이라도 해줄 수 있어요. 부인이 '내가 몇 달 굶지 뭐' 이럴 수 있어요. 부인은 그래요. 그런데 남편은 '왜 몰라주느냐?' 하는 거예요.

남자 : 남자는 그렇잖아요.

상담 : '남자는'이라고 하지 마세요.

남자 : 저는 그래요. 빠른 시간 안에 답을 얻고 싶다는 거예요.

상담 : 그 조급함은 내 마음이잖아요. 부인의 상처가 하루 이틀 쌓인 게 아니잖아요. 그런데 하루 이틀 만에 소멸되길 바라면 욕심이죠. 벽에 대못을 박았다가 빼놓고 '구멍이 없어졌나?' 한다고 구멍이 없어지는 게 아니잖아요. 이 구멍이 다 채워지려면 오랜 시간이 걸리고 흔적이 남아요. 지워지지 않는 흔

적이 흉터가 되어 남습니다.

남자 : 지금 제 마음 같아서는 너무 미안하고, 지금 다 풀린 게 아닌 것을 저도 알죠. 근데 그런 기분 접어두고 전환해서 뭐든지 다 해주고 싶죠. 물질적인 것도 필요하고, 그런 부분들이 제가 다 채울 수도 없고,

상담 : 이제는 더 이상 무너지면 회복이 안돼요. 그리고 남편의 마음은 이해할 수 있는데......, 행동으로 옮기기까지는 안 쉬워요. 지금 남편은 신경을 쓰고 많은 노력을 하지만, 약간만 경계를 늦추면 예전 습성이 그대로 나타나요. 부인도 그렇고 남편도 그렇고 너무 착해요. 그 착하고 맑은 것의 문제는 '뭐가 흐린 것인지' 분간이 안 되니까 읽혀질 수 없었던 거예요. 부인도 이제 자기자신을 들여

> 다보세요. 이 때까지 남편을 챙겼던 것처럼 '말하지 않는 것까지 알아 달라'는 생각은 하지 마세요. 대화는 서로 정확하게 표현해 주세요. 남편도 역시 모르면 설명해 주세요.

부부는 상대가 무슨 마음으로 저런 말을 하는지 서로 마음을 읽어 줄 수 있어야 한다. 그게 대화의 공감 문제이다. 이 내담자의 경우는, 일단 부인 스스로가 최대한 풀려고 노력을 많이 해야 한다. 그리고 남편도 나름은 읽어주려고 노력하여야 하지만, 한꺼번에 다하겠다고 생각하지 말았으면 좋겠다. 인생은 긴 여정이다. 그렇기 때문에 하루아침에 하려고 하는 것은 또 다른 고통이 따를 수 있다. 간혹 어떤 사람들은 아이가 있으면 화합의 매개체가 되기도 한다.

여자가 결혼해서 너무 늦게 아이를 가지면, 아이가 힘들어질 수도 있다. 건강하고 정말 예쁜 아이를 낳으려면 더 늦추지 말았으면 한다(물론 서로가 빠른 시간 내에 문제가 해결된다면). 인간의 두뇌가 가장 뛰어날 때가 25~27세에 낳는 아기가 가장 두뇌가 뛰어나다고 한다. 부부의 마음을 건강하게 확장해서, 아이를 낳으면 훌륭한 아이를 낳을 것이다.

내담자의 경우, 아이가 있으면 남편도 40만원짜리를 생각하지 않을 것이다. 아이가 눈에 보이는데, 그냥 만원짜리만 해도 감지덕지이다. 자기 삶은 자기 스스로 얼마든지 화려하게 살 수도 있다. 화려하다는 게 흥청망청 사는 게 아니고 마음을 풍요롭게 하는 것을 말한다. 남편 역시도 지금은 자식이 없으니까 자기 자신을 위해서 충분히 해도 된다고 생각하지만, 자식이 생기면 또 다른 사고의 전환이 될 수도 있다.

여자 : 이 사람 가게를 할 때 억대의 손해를 봤었고 형님들이 걱정을 하더라고요. 거의 40평 가까이 되는 데 살다가 22평으로 이사 왔으니까, 신경을 많이 써주더라고요, 저는 별로 신경을 안 썼거든요? 그게 내 환경이 돼 버리니까, 남들이 의식이 안돼요. 그래봤자 친구들한테 굳이 내입으로 말할 필요가 없으니까……, 지금 '이 집에서 내가 편하면 되는 거다'고 생각했는데 오히려 형님이 신경을 더 많이 쓰시더라고요. 그때 나는 회사를 그만두고 전업주부로 있는 입장이었잖아요, 형님께서 '여자들은 우울증이 올 거'라는 그런 말도 하셨어요. 저는 괜찮았는데, 오히려 이 사람은 주변 사람들하고 연락을 다 끊더라고요. 너무 보기 싫었어요.

상담 : 그렇죠, 그럴 필요 없어요. 인생은 '보여지는 것'은 중요하지 않아요.

여자 : 제가 지금 그렇게 느껴요.

상담 : 돈이라는 것은 희한하게도 쓰면 쓸수록 따라 다니

는데, 홍청망청 쓰면 안 따라 다녀요.

여자 : 그래서 이렇게 된 게 저는 금전적인 게 크지 않고, 이 사람의 행동 때문인데, 식구들은 내가 금전적으로 그런다고 생각하는 거예요.

상담 : 그건 그분들의 생각이구요.

여자 : 그걸 막아주지도 못하고.

상담 : 막아주지도 못하죠. 그러니까 얼마나 속상하고 힘들었겠어요, 남편 분은 이해되세요? 부인이 남편을 너무 사랑한다고 할 때 부인이 쓴웃음을 지었잖아요. 근데 사랑하잖아요. 그걸 어디서 느꼈느냐 하면, 남편의 건강을 걱정할 때……, 사랑하는 마음이 없으면 돈이 먼저라고 하지 '건강이 먼저'라고 안 합니다. 그렇게 사랑하기 때문에 같이 살려고 노력하는 것입니다. 지금은 다시 합쳐질 때에 남편 분이 부인의 마음을 어느 정도 알아주길 바라는 것입니다. 문제는 앞에서 부인도 말했지만, 말 안하면 모르잖아요. 그러니까 남편이 부인의 마음을 알아 줄 수가 없었고, 반면에 남편도 부인이 알아주길 바라니 두 분한테 서로 상처가 된 것입니다. 도대체 내가 뭘 잘못했길래 '이런 가' 싶기도 하고, 때때로 화가 나고 짜증날 거예요

남자 : 아니라고 하면 거짓말이겠죠,

상담 : 왜냐하면 본인 마음에서 이해가 안 되거든요. 근데

부인은 숨이 막히는 거예요. 알아주지 못하니까,

여자 : 위로를 해주는 것도 아니고, 식구들 앞에서 커버(cover)를 해주는 것도 아니고, 오히려 나를 궁지에 몰아넣는 느낌을 너무 많이 받으니까.

상담 : 그 길을 모르니까 결론적으로 방법론에서 차이가 났습니다. 축구에서 마치 자살골 같은 것이에요. 막내잖아요, 그러니까 더 막을 힘이 없죠. 장남이나 되었으면 좀더 나았겠지만, 부인은 계속 혼자 아플 수밖에 없었던 것입니다. 근데 남편의 입장에선 '저게 왜 아파하는지' 이해를 못하는 거예요.

여자 : 그랬었어요. 서른 몇 살까지 이렇게 살았는데 어떻게 바꾸느냐고.

상담 : 근데 남편 분 삼십년, 사십년을 살아도 바꿔야 될 것은 바꿔야 돼요. 옳지 않은 것은 바꿔야 돼요. 늦은 게 아니고, 그걸 알 때 이런 기회가 왔을 때 빨리 바꿔야 돼요. 다음에 바꾼다는 건 안돼요. 이럴 수도 있다는 걸 자각했을 때, 내가 지금 이렇게 생각했지만, 상대방이 이렇게 할 수 있다는 걸 알았을 때 빨리 인정하고 실천해야죠. 그렇지 않으면 부부관계가 깨어집니다. 이혼을 해야 한다는 것입니다.

상담자가 바꾸는 것은 하나도 없다. 상담자는 그저 조언을 하고 길잡이 역할만 하는 것이다. 상담자가 이렇게 이야기해주면 바뀌는 건 내담자들이 하는 것이다. 내담자가 자신의 삶이 즐겁기 위해서 스스로 찾아가는 것이다. 내담자는 그게 자신의 행복이라는 걸 안다는 것이다. 모든 것이 다 '내 문제'라는 걸 알아야 한다. 자신을 위하고 자신의 길을 살기 위해선 '자신이 행복한 게 뭔지'를 알아야 한다. 내 자신을 행복하게 할 수 있다면 상대방을 행복하게 해줄 수도 있다.

내담자의 남편 분은 자기 스스로 자신을 챙기지 못했다. 그냥 '있는 그대로'만 그게 좋다고 생각한 것이다. 그러나 자연(自然)이 그대로 있다고 좋은 것은 아니다. 바람도 불고 태풍도 불고, 때때로 휩쓸어 가기도 하고 그러면서 새로운 게 되고 그러면서 유지가 된다. 그게 자연의 순리이고 우주 질서이다. 우리 인간은 자기를 찾기 위해서 그만큼 노력을 해야 한다.

부인도 이제 알아주길 바라기보다는 표현을 해야 한다. 그래야 서로 조율이 된다. 그러면 해줄 수 있으면 해주고, 못 해주는 상황이면 못해 준다고 이야기를 하게 되는 것이다. 나도 해주고 싶지만 '형편이 안 되어 못해준다'고, 그러면서 살아가는 게 부부이다. 그래야 미래가 생기는 것이다. 부부는 서로 같은 방향을 향해 가도록 서로 노력을 하고, 도움도 청하고 그러면서 같이 사는 것이다. 아파하기보다는 지금처럼 사랑만하고 즐겁기만 해도 우리의 삶은 살아가기가 바쁘다. 지금부터는 서로에게 차근차근 표현하여야 한다. 퉁명스럽게 표현하면 상대는 귓등으로 듣게 된다.

그래서 '부드러움에 녹는다'는 말이 있다. 여자는 강한 엄마가 되어야 하고, 부부간의 잠자리에 있어서는 불여우가 되어야 한다. 그래야 남자가 딴 짓을 못하는 것이다. 그러면 남편은 부인만을 위해 희생하고 살아간다. 그런 남자를 만들어 주어야 한다. 집에선 싸워도 집 밖에선 세상에 없는 남자로 만들어야 한다. 입장을 바꾸어 보면 남자 역시도 똑같다. 내 가정에서 내 마누라한테도 인정을 못 받으면 밖에서도 인정을 못 받는다. 서로 상대를 칭찬하는 거 같지만 결국은 내가 올라가는 것이다. 그래서 함께 가는 부부로 살아야 한다. 서로 물어뜯기보다는 인정하고 사랑하면서 살아가야 한다. 부부가 서로 사랑해야 하는데도 불구하고 사랑하지 않는 것은 죄이다. 소통하려고 노력도 하지 않고, 서로 오해하고 미워하고 갈등하는 것은 죄이다.

행복한 부부생활을 위해 서로 여러 역할을 수행해야 하고 그에 따라 상호협력과 절충과 의견조정을 반드시 필요로 한다. 또 다양한 문제를 대처해야 하기 때문에 서로의 믿음과 인정, 헌신적인 노력과 인내, 지혜로움이 요구된다. 무엇보다도 중요한 것은 정서적, 육체적인 영역에서 서로 간의 깊은 공감대가 필요하다. 부부는 끊임없이 자신의 내면 확장을 위한 노력과 더불어 행복추구를 위해 함께 노력하여야 한다.

상담 : 지금까지 각각의 회기에 두 분의 삶이 미세한 방식으로 변화가 있다는 것을 느낄 수 있었습니다. 그 회기 과정 하나하나가 놀라운 변화였습니다.

여자 : 네, 정말 그래요.

남자 : 감사합니다.

상담 : 이번 회기 상담을 마치고 가는 길이 두 분의 '어깨 위의 무거운 짐'을 벗은 것을 느꼈으면 합니다. 그리고 지금까지의 두 분의 실패한 결혼 생활에 대해 '새로운 승리감의 표현'이라고 해석해 주고 싶습니다. 지금까지의 삶이 무의식적이었다면, 이제부터는 그 무의식적 중압감에서 벗어난 느낌으로 인해 스스로 자신에 대한 통찰력과 더 큰 변화가 생길 수 있을 것입니다.

다섯째 마당

어깨 위의 무거운 짐을 벗다

5. 어깨 위의 무거운 짐을 벗다

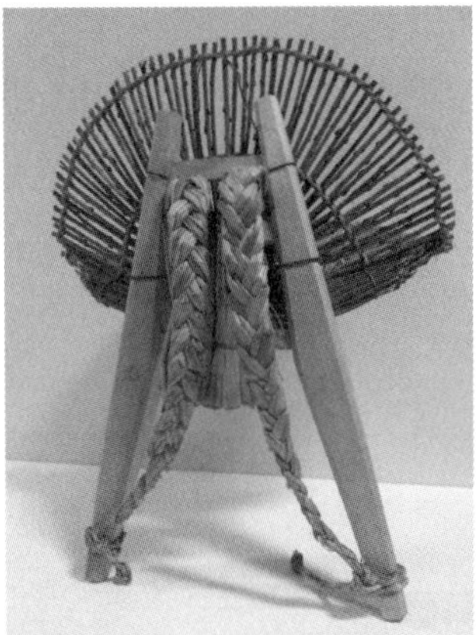

여기에 있는 연필을 한 자루씩 골라보세요. 그리고 이름을 쓰고, 과일나무 한 그루를 그려 보세요.

남자 : 그림을 잘 못 그리는데

상담 : 못 그려도 상관없어요.

상담 : 부인은 '많은 것을 원하는 것은 아닙니다.' 그죠? 그냥 '편안하고 안정적인 가정'을 원하네요. 그렇죠?

여자 : 네.

상담 : 그런데 그게 그리 쉽지가 않네요? 욕심도 없는데, 그렇죠?

여자 : 네.

상담 : 부인, 혹시 본인은 집착이 좀 있다는 것을 아세요?

여자 : 네, 알고 있어요.

상담 : 맞아요. 그리고 상처도 많아요. 본인이 그렸지만 본인의 나무가 느끼기에 어떤 것 같아요?

여자 : 네, 좋은데요.

상담 : 아, 그렇죠? 본인이 좋으면 좋은 거예요.

여자 : 일단 안정적이잖아요.

상담 : 과일나무를 그려라 했는데, 땅을 먼저 그렸어요.

여자 : 네, 나무는 땅이 있어야 살 수가 있잖아요?

상담 : 그게 뭘 의미하겠어요? 땅은 무엇을 의미하는가요?

여자 : 제한테 땅은 남편이지요.

상담 : 잘 아시네요. 그렇죠? 든든한 남편을 원하는 거잖아요.

여자 : 네.

상담 : 든든한 남편을 원하는데...... 나무줄기에 뭘 그렸어요?

여자 : 사과.

상담 : 사과인데 어디다 그렸어요?

여자 : 네, 나무 잎 사이겠지요.

상담 : 네, 그것을 수관이라 하지요? 수관에 그렸었는데, 남편 분의 그림을 보세요. 수관이 있어요? 없어요?

여자 : 없네요.

상담 : 남편의 그림은 앙상한 가지에 열매가 대롱대롱 걸렸지요? 그것은 무엇을 의미하는지 해석이 되지요? 본인보다 남편이 더 힘들다는 것이지요. 자, 잎이 있는 가지에 열매가 열려 있는 것은 아직까지 더 자랄 수 있는 기회가 있잖아요? 그런데 남편의 그림을 보세요. 앙상한 가지에 열매만 붙어 있다는 것은 뭘 의미해요? 잎이 다 떨어진 것은 겨우 까치밥 정도가 남은 것을 의미하잖아요. 까치밥 정도인 세 개가 이게 언제 떨어질지도 모른다는 것입니다. 새가 와서 먹고 가버리면 끝나죠. 그것은 무엇을 의미하죠? 그만큼 불안감을 느낀다는 것입니다. 이것은 결론적으로 부인보다는 남편이 더 위태롭다고 느끼는 것입니다.

여자 : 네, 그 생각은 했어요. 지난 회기 상담하고 가면

서 내 생각을 많이 고쳐야겠다. (눈물을 글썽거림)……

상담 : 네~. 이렇게 남편만 생각하면 눈물부터 먼저 나는데, 이 만큼 사랑하는데, 남편은 그걸 아세요?

남자 : 아, 네.

상담 : 알아요? 그래요? 그런데 사랑하는데 뭐가 가장 답답한지 아세요? 이런 말을 하면 어떻게 들릴지 모르겠는데, 남편 분은 사랑을 줄 줄을 몰라요.

남자 : 네. 저도 그런 것 같아요.

상담 : 그걸 아세요?

남자 : 예.

상담 : 제대로 사랑을 줄 줄을 몰라요. 내가 안타까운 게 바로 그거예요.

남자 : 네, 마음은 있는데.

상담 : 그게 안 되잖아요? 내가 보기에도 정말 부인이 너무 예쁘고 좋은데, 문제가 뭐냐하면 사랑을 주는 법을 몰라요. 내 속에 있는 것을 어떻게 줘야 될지를 몰라요. 그래서 내 마음에 든다는 것이, 내가 준다는 것(방법)이 결론은 그게 부드럽고 편하게 주지 못하니까 상대는 강하게 그것도 부정적으로 들려버리잖아요. 자. 남편 분 (부드럽게) '사랑해~' 하는 부분과 (무뚝뚝하게) '사랑해' 하는 말이 어떻게 들려요?

남자 : 다르죠.

상담 : 분명히 다르게 들리죠? 바로 그거예요. 그것을 선택하지 못한 것이에요. 남편 분은 그것을 구분 못 하신다는 것이잖아요. '(부드럽게) 혜란아~' 하고 부르는 것과 '(무뚝뚝하게) 혜란아' 하고 부르는 것이 느낌이 다르잖아요? 사랑은 아주 소프트한 것입니다. 너무너무 부드러운 거예요. 사랑은 솜사탕 같은 거란 말이에요. 몽글몽글(부드럽게 손동작까지 하면서)한 거란 말이에요. 그런 게 사랑이에요. 솜사탕 아시죠? 물기 있는 손으로 꼭 만지면 그것이 응고되어 버리잖아요. 그것하고 똑같아요. 사랑은 그런 거예요. 그러니까 사랑은 딱딱하고 굳게

> 만들면 안 돼요. 몽글몽글하게 살짝 만지는 거잖아요. 부드럽게 하는 거잖아요. 부드럽게 다룰 줄을 알아야 하는데 남편 분은 그걸 몰랐던 거예요. 부인을 사랑하면서도 사랑한다는 표현을 제대로 못하였어요. 너무 예쁜 마누라인데, 나한테 너무 소중한 마누라인데 그 소중함에 대해 표현을 제대로 못했던 거예요.

정말 사랑하는 사람에게는 무엇을 하든, 어떤 것을 하든지간에 내가 먼저가 아니고 사랑하는 사람을 먼저 생각해야 한다. '이걸 보면 이 사람이 어떨까? 이걸 가지면 이 사람이 어떨까? 내가 이런 생각으로 이렇게 해주면 이 사람은 어떻게 생각할까'를 먼저 생각해야 한다. 그게 사랑하는 방법이다. 맛있는 것을 먹을 때 예를 들어 '짜장면 먹어야지' 하고 생각했다면, 짜장면 먹어야지 생각하기 이전에 '아내는 짜장면을 좋아할까?' 하는 생각이 먼저 들어야 한다. 그러면서 '아, 맞다.' 마누라는 짜장면 싫어하지. 그럼 나는 마누라 좋아하는 것을 먹어야지. 마누라는 짜장면 싫어하니까, 짜장면은 회사 가서 동료들이나 친구들하고 먹어야지. 그렇게 먼저 생각할 수 있는 게 사랑이다.

그런데 내담자를 자세히 살펴보면, 부인은 이런 사랑 방법을 잘 알고 실천을 한 반면에 남편은 그것이 자기 방법과 다르니까 제대로 받을 줄을 몰랐었던 것이다. 그냥 '그런가

보다' 하고 받았던 것이다. 당연하게 감정없이 받았으니까 부인은 속이 타는 것이다.

"대접받으려고, 사랑을 받으려고, 내가 행복하려고"만 생각하면 부부갈등의 문제가 원천적으로 해결되지 않는다. 많은 사람들은 내가 행복하기 위해 상대방은 나를 도와주고 나에게 잘 하도록 길들여져야 된다고 말한다. 이것은 배우자에 대한 강요이다. 자신이 원하는 대로 배우자가 행동하지 않을 때 실망하게 된다. 그러면서 애정이 식었다든지 성격차이라고 말한다. 이들은 상대방을 바꾸려고 온갖 방법을 동원해 보지만 좀처럼 실마리가 풀리지 않는다. 그래서 배우자에게 실망하고 대신에 다른 대상에 몰입함으로써 외도와 같은 또 다른 문제를 만든다.

모든 문제의 원인은 자신에게서부터 먼저 찾아야 한다. 부부는 '내가 먼저'가 아니라 상대를 배려하는 마음을 먼저 가져야 한다. 내가 행복해지기 위해서는 배우자도 행복해야 한다. 내가 대접받고 사랑받으려면 배우자도 대접받고 사랑받고 싶어 한다는 사실을 잊어서는 안 된다. 부부가 서로 마음으로 만나야 가슴이 행복해진다.

상담 : 부인은 사랑하는 방법을 아니까 '이렇게 이렇게 주었다' 말이에요. 그런데 남편은 아무 반응이 없었다는 것입니다. 그러면 주는 사람이 신이 나겠어요? 안 나겠어요?

남자 : 신이 안 나겠지요.

상담 : 부인의 마음(사랑)도 남편에게 줄 때마다 뿌듯하고 좋았어요. 그런데 문제는 처음에는 주기만 해도 무조건 신바람 나고 좋았어요. 그래서 주기만 했어요. 그런데 문제가 무엇이냐 하면, 줘도 줘도 끝이 없고 반응이 없거든요. 남편이 '당신 고마워요. 수고했어요.' 한마디만 해도 행복하잖아요. 예를 들어 월급봉투 갖다 줬는데 '이것 밖에 없어' 하면 기분은 어떨까요? 거기다가 '옆집 아저씨는 보너스가 얼마이고……' 하면, 기분이 아주 많이 상하죠?

남자 : 좀 그렇겠죠?

상담 : 그렇죠? 그것하고 똑같은 원리입니다. 사랑을 하면 배우자를 배려하고 그러잖아요. 사랑을 막 주면, 자기 것을 없애고 남편한테 다 주었다 말입니다. 그런데 남편은 그것을 모른다 말입니다. 그러면 부인이 서운해요? 안 해요?

남자 : 서운해요.

상담 : 서운한 게 작으면 이렇게 안 돼요. 힘도 들지 않아요. 그게 누적이 되어 가지고 이렇게 긴 세월을 지나와 버렸잖아요. 그러니까 되돌아가지지가 않는 거예요. 완전히 못이 박혀 버린 거예요. 그것을 보고 완전히 인(認)이 박혔다고 하지요. 그러니까 어때요? 자꾸 말을 잘라 버리잖아요. 그러면서 '절

대 이 사람은 안 돼요.' 합니다. 그게 몸에 베어버렸거든요. 내가 받은 게 그거였거든요. 그것 밖에 없거든요. 더 이상 변화를 본 적이 없단 말입니다. 그러니까 어때요? '안될 걸' 하고 먼저 낙인부터 찍어버립니다. 그래서 사랑은 나 보다는 상대를 먼저 생각하고, 배려하는 것입니다. 알겠어요?

남자 : 네.

상담 : 남편 분, 돈은 왜 번다고 생각해요? 직장 왜 다니세요? 내 혼자 등 따시고 배부르게 먹을 것 같으면 그렇게 등골 빠지게 돈 안 벌어도 되잖아요? 놀 것 다 놀아 가면서 벌어도 충분히 산다 말이에요.

남자 : 네.

상담 : 내가 사랑하는 사람이 행복하기를 원하고 내 가정이 남들보다 좀더 괜찮은 집이기를 바라기 때문에 노력하는 거잖아요. 그 가정 누가 관리하나요?

남자 : 부인이 관리하잖아요.

상담 : 그런데 부인한테 서운함이 이렇게 많이 쌓여버리면 감정의 골이 패이잖아요. 골골이 후벼 파놓고 이제 와서 그 골을 메우려 하니까 안 되잖아요. 지금 부인이 그러잖아요. '돈이 다가 아니라고 당신이 건강하라'고 하잖아요. 부인이 중요한 것은 '당신 건강이고, 당신 살아 있는 게 중요하다'고 하잖

아요. 그만큼 '당신이 소중하다'고 하잖아요. 그런데 왜 남편은 그 마음을 몰라주나요. 부인은 사랑을 알아요. 사랑은 '주는 사랑이라는 것'을 안다는 말이에요. 기다리는 법도 알아요. 사랑을 주면 그래도 그냥 따라 주세요. 그러면 오히려 쉬워요. 그게 중요해요. 무슨 말인지 아시겠어요?

남자 : 네.

상담 : 그렇게만 해도 힘들지 않습니다. 자기 문을 닫지 말고요. 그런데 남편은 너무 몰라요. 부인이 고목나무 붙들고 앉아 딱따구리가 나무 파듯이 파고 앉아 있으니 부리가 다 부러지잖아요. 입이 아프잖아요. 그래서 이제 말하고 싶지도 않잖아요. 무슨 이야기인지 아셨죠?

상담 : 남편은 4남매 중 막내라 하셨죠?

남자 : 네.

상담 : 그러니까 이제 남편은 주는 사랑을 좀 하세요.

남자 : 네.

상담 : 사랑을 줄 때는 계산 없이 주는 것입니다. 계산하고 주면, 이해타산을 자로 재면서 주면 그건 사랑이 아니에요. 베풀듯이 주세요. '그냥 주면 행복하고, 당신이 웃는 거 보니 행복하네, 당신이 즐거워하니 행복하네'. 부인은 남편을 위해서 그렇게 살았어요. 그리고 지난 회기에 쓰다가 말았는데, 제

일 먼저 남편이 쓴 것이 '이 사람이 뭐 하다'는 것이었죠?

남자 : 검소하다.

상담 : '이 사람이 검소하다'는 것이었습니다. 그럼 이 사람을 믿는다는 거잖아요. 이 사람은 나를 위해서 '이렇게 했다는 것'을 안다는 거잖아요. 그런데 알면 뭐해요. 한번이라도 제대로 칭찬해 준 적이 없는데, '당신 고생했어. 나 만나서 열심히 산다고 고생했어' 그렇게 말한 적이 있어요?

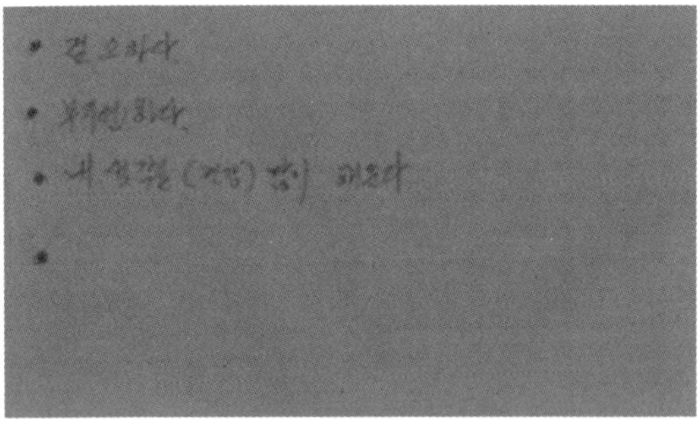

남자 : 그렇게 표현은 안 해도 다른 방법으로 표현은 한 것 같아요.

상담 : 아, 그런 느낌 받았어요?

여자 : (고개 절래절래 흔듦)

상담 : 보세요. 아니라고 하잖아요. 그 이유는 표현방법이 달라서 그래요. 그러니까 본인 기준에서 표현했잖

아요. 그러니까 앞에서 이야기했잖아요. '사랑해~' 하고 부드럽게 한 것이 아니고 '사랑해' 하고 거칠고 억세게 했단 말이에요. 그러니까 부정적으로 들렸단 말이에요. 부정적으로 들리니까 공격으로 받아들인 것이고 그러니 제대로 안 들린 것이지요. 우리가 '사랑해~' 하고 부드럽게 말하면 사랑하는 것처럼 들리지만, 거칠게 '사랑해' 하면, '뭐야?' 하는 느낌이 들겠죠? 이게 억지로 하는 것 같잖아요. 남편은 지금까지 그렇게 하였다는 것입니다. 무슨 말인지 이해가 되나요?

남자 : 그런 과정에서…… 나는 했는데, 집사람은 안 했다고 하니까 그것이 더 섭섭하지요. 나는 내 딴에 열심히 했는데, '아니다' 해버리니까 속상하지요. 차라리 '표현의 방법이 틀렸구나' 하면 좀더 생각할 수도 있고, 생활 습(習)에 의해 그렇게 살아 왔는데, 잘못되었으면 차라리 잘못되었다고 해주지……

상담 : 그러니까 아까 말한 것처럼 부인이 부드럽게 느낄 수 있도록 '사랑해~'라고 했으면, 부인이 그것을 느꼈으면 '확인 했어?, 그런데 자주 했어' 이렇게 안 합니다. 문제는 거칠게 '사랑해' 하면 이게 부정으로 들려요. 이게 '나를 공격하는 것'으로 들린다는 말이에요. 그렇게 들리니까 그런 기억이 없

다는 것입니다. 무슨 말인지 아시겠어요?

대화란 표현을 부드럽게 그리고 상대가 느끼게 해 주어야 한다. 부부간의 대화에서 상대에게 이야기를 할 때에는 항상 칭찬을 먼저하고, 상대가 가슴으로 받아들일 수 있도록 그 사람의 좋은 점부터 먼저 이야기해 주어야 한다. 그런데 상처가 되는 말을 하니까 좋게 했던 말은 기억에 하나도 없고 상처를 준 '행위나 감정'이 먼저 기억이 나는 것이다. 그렇게 되면 당연히 '나한테 해준 게 뭐 있어?', '나한테 상처 밖에 더 준 게 뭐 있어?', '나니까 당신이랑 살아주는 거야'라고 할 수밖에 없다.

결혼하기 전에는 계산할 것 다하고 튕길 것 다 튕긴다. 그런데 결혼하는 그 순간부터 있는 것 없는 것 모두 다 배우자에게 펴 준다. 그것이 부부의 마음이다. 그래서 나는 당신만을 위해서 사는데, 당신은 왜 '나'만을 위해서 안 사노?' 이렇게 문제가 되는 것이다. 그래서 배우자와 대화를 할 때에는 부드럽게 해야만 그게 기억에 남는다. 화가 나서, 감정이 격해 가지고 한 말은 전부 다 '나한테 공격한 것'으로 밖에 기억이 안 되기 때문이다.

여자는 자기 세상을 위해 살다가 한 남자에게 결혼을 하고 시집이라는 곳에 옮겨와서 산다는 것이다. 그런데 단 하나 밖에 없는 이 남자가 내게 영양분도 안주고 사랑도 안주고 아무것도 안주면 여자가 숨이 막힌다. 사람은 누구나 숨이 막히면 살기 위해 뿌리를 뻗어서 담장 밖으로 넘어가고 싶어 한다.

그러니 그 뿌리에 독을 주지 말아야 한다. 삶의 활력소가 되는 영양분을 주어야 한다. 영양분은 부드럽고 독기가 없다. 그러니까 항상 부드럽고 온화하게 표현되어야 한다. 내가 사랑하는 사람에게 상처 주는 말을 하지 말아야 한다. 그렇게 해서 득(得)이 될게 없다.

음식을 만들 때도 만드는 사람의 마음이 중요하다. '내가 어떻게 하면 맛이 더 있을까? 어떻게 하면 더 좋아할까?' 그런 것을 생각하면서 만들어야 한다. 그게 사랑하는 사람의 마음이다. 우리가 반찬 한 가지를 만들면서도 '에이!~ 짜증나' 이렇게 하면, 반찬을 만들지 않는 것보다 더 못하다. 그런 기분으로 반찬을 만들면 상대에게 건강을 주는 것이 아니고 독을 주는 것이다.

그런데 정말 이 사람이 나를 위해서, 우리 가정을 위해 돈을 벌고 고생을 하는데, '이 사람이 뭘 먹어야 건강할까? 뭘 먹어야 힘들지 않을까? 고생을 덜 할까? 이 사람이 어떻게 하면 원기 회복이 될까?' 하는 그런 마음으로 음식을 만들어야 한다. 그래야 그 가정이 행복하고 원활하게 돌아간다. 그 마음이 전달되면 그 사람이 건강하고 일도 잘하고, 승진도 잘 되고...... 그러면 인간관계를 잘 하게 되는 것이다. 진정한 부부는 같이 살아가는 게 아니라 부부로 서로 맞추어 살아가는 것이라는 사실을 잊어서는 안 된다.

여자 : 제가 약간 그렇게 생각해서 (기분이 나쁘지 않다면) 제가 밥을 먹지 않아도 신랑 밥 먹을 때 항상 옆에 앉아 있거든요. 신랑이 혈관 계통이 안 좋으니 예를 들어 브로콜리(broccolini)를 준비했어요. 야채를 준비하고.... 혈관에도 좋고 하니까... 밥 먹고 잠깐 나가서 운동을 하자고 하면.... 그냥 '그래 당신 말이 맞다. 난 생각지도 못했는데 그렇게 하자'고 하면 좋게 끝날 일인데, 항상 내가 바쁜데 어쩌고저쩌고 하면서 반감이 나오니까 싸움밖에 안 된다...... 거의 그런 식이었습니다.

상담 : 남편 분 거기에 대해서 어떻게 생각해요? 부인 이야기를 들으니까 어때요? 본인이 그렇게 했어요?

남자 : 네.

상담 : 보세요? 부인은 남편을 위해 생각해서 하는 말이에요. 그냥 그래도 받으면 돼요. '아! 내 생각해서 이걸 했네. 이거 먹으면 이렇게 이렇게 좋아지겠네. 그리고 당신이 나를 생각해서 이렇게 많이 준비했네. 고생했어요.'라고 한마디만 하면 됩니다.

부부는 서로 많은 것을 바라지도 않는다. 서로 인정해 주고 칭찬해 주면 기분이 달라지고 가정의 평화가 달라진다. 배우자를 대하는 마음의 자세가 달라진다. 우리는 말 한마디 때문에 웃기도 하고 울기도 하고, 상처를 주기도 하고 상처를 받기도 한다. 만약에 상대 배우자가 부정적인 말을 던지더라도 그것을 긍정적으로 받아들일 수 있어야 한다. 자신의 마음에 들지 않는 말을 한다고 해서, 그 안에 들어 있는 사랑을 예쁘게 받지 못하고 그것을 가시로 받아들이면 독이 되고 상처가 된다.

예를 들어 화가가 그림을 그리는데, 화병에 있는 장미꽃을 보고는 선인장을 그렸다. 예쁜 장미를 그려야 하는데, 이 화가는 장미를 보지 않고 독이 든 가시만 본 것이다. 그러니까 가시가 많은 선인장이 제일 먼저 생각이 나서 그린 것이다. 그 사람의 내면이 무엇을 보느냐에 따라서 달라진다. 선인장의 가시를 볼 수도 있고, 선인장 꽃을 볼 수 있는 것이다. 그런데도 독이 든 가시만 보았기 때문에 선인장을 그린 것이다.

역설적으로 아무리 심한 독을 주더라도 그것을 긍정적으로 받아들이면 해독제가 된다. 인간관계에서도 마찬가지이다. 혹시 상대가 독을 주더라도 내가 가진 해독제로 풀어버리면 독이 약으로 되어버린다. 쉽게 말해 바이러스라는 것은 반드시 항생제가 있기 마련이다. 바이러스가 형성된다는 것은 그것을 처방할 수 있는 해독제가 나올 수 있다는 것이다. 그게 이 세상에 있는 이치이다.

세상에는 음(陰)과 양(陽)이 있는데, 음과 양이 등지고 항상 함께 같이 다닌다. 음과 양, 손바닥 손등, 볼 수 있는 눈과 볼 수 없는 눈, 냄새 맡을 수 있는 코와 냄새 맡을 수 없는 코, 말하는 입과 말 못하는 입, 긍정과 부정 어디든지 다 있다. 그렇기 때문에 바이러스가 형성된다는 것은 그 바이러스를 해독할 수 있는 해독제가 반드시 있다는 것이다. 그러면 아무리 상대가 부정적으로 공격을 한다 해도 받아들이는 사람이 긍정적으로 받아들이면 독이 되지 않고 화가 되지 않는다.

옛말에 웃는 얼굴에 침 못 뱉는다는 말이 있다. 그것은 긍정적인 것에는 독이 없다는 뜻이다. 상대가 나에게 공격적인 말을 하더라도 내 자신이 공격이 아닌 감사로 받아들이면 된다. '아, 당신이 내가 이렇다고 말해주네. 그럼 날더러 이렇게 해라는 말이지. 당신이 보기에 이렇게 보였다는 말이지. 그래서 그렇게 보이지 않게 나에게 이렇게 해달라는 말이지?' 하고 받아들이면 그만이다.

예를 들어 부인이 그냥 '야채를 좀 많이 먹어'라고 했더라도 그걸 부정적으로 들으면 '먹기 싫다 말이야.' 이렇게 나온다. '먹는 것도 내가 네 말을 들어야 하나?', '내가 먹고 싶은 거 먹을 거야' 이렇게 나온다. 그러나 그것을 긍정으로 받아들일 줄 알아야 한다. 혹여 아내가 비난하는 말을 했더라도, '아, 내가 야채를 잘 안 먹으니까 영양소가 불균형이 되는구나. 그래서 내 건강이 염려가 되어서 야채를 많이 해주는구나! 당신 고마워' 해버리면 독으로 만든 사람이 미안해진다. 오히려 상대를 더 긍정적으로 만들어 주어야 한다. 부부는 그렇게 해서 같이 맞추어 가며 사는 것이다. 배우자가 부정으로 던져도 내가 긍정으로 받아들이면 그게 약이 되는 것이다.

어쩌다가 부인이 식사를 못 챙겨주게 되면 '고생해서 돈 벌어 주었더니 나를 굶긴다'고 생각하면 화가 날 것이다. 그런데 '아, 부인이 힘이 드니까 오늘은 내가 알아서 챙겨먹을 기회를 준 것이네, 나 혼자 살아야 할 때를 대비해 혼자 살 수 있는 힘을 길러주네'라고 생각해 버리면 된다. 그러면 기분 나쁜 일이 있을 리가 없다.

하나부터 열까지 모두가 다 그렇다. '생각이 바뀌면 세상이 바뀐다'는 말이 그래서 생긴 것이다. 부정적으로 보면 이 세상은 말세이고, 긍정적으로 보면 한없이 행복한 세상이 된다. 내 생각의 차이이고 관점의 차이이다. 무엇을 보고 무엇을 느끼느냐는 내 몫이다.

누가 돌을 던져서 그 돌에 내가 맞아도 내가 얼마나 답답해 보였으면 저 사람이 나를 깨우치라고 돌을 던질까?, 아픔을 느끼면서 '뭔가 깨달아'라고 하네? 이렇게 생각할 수가 있어야 한다. 그런데 '저것이 나를 때려?' 하면 바로 분노가 표출된다.

소크라테스나 셰익스피어, 프로이트처럼 큰 학자들은 대부분 '세상에 존재하는 모든 것에는 의미가 다 부여되어 있다'고 하였다. 하다못해 공기 하나까지도 의미 부여가 다 되어 있다고 한다. 그 사람이 네게 던지는 말에 긍정적으로 의미 부여를 하면 세상에 힘든 것이 없다. 세상을 힘들게 살아가는 것도, 각박하게 살고 안 살고도 모두가 자신의 선택 문제이다. 얼마나 행복하게 사느냐도 본인의 선택에 따른 것이다. 그러니 자신의 삶을 스스로 힘들게 끌고 갈 필요는 없다. 자신의 삶에 주인이 되지 못하면 어떻게 다른 것의 주인이 될 수 있겠는가? 자신을 다스릴 수 있는 사람만이 이 땅에서 자신의 운명을 만들어 가는 주인이 될 것이다.

똑같은 어떤 물건을 옮기는데 끙끙대며 짊어지고 다니는 사람이 있는가 하면, 간단하게 머리 써서 물건 밑에 나무토막을 깔아 굴리듯이 쉽게 이동하는 사람도 있다. 그런가 하면 어떤 사람은 그냥 차에 실고 가버릴 수도 있다. 내가 무엇을 선택하고, 무엇을 채택하느냐에 따라 내 인생이 달라지는 것이다. 빨리 갈 수도 있고 늦게 갈 수도 있고, 힘이 들 수도 있고 편하게 갈 수도 있다. 삶을 얼마나 지혜롭게 전환해서 사느냐에 따라서, 얼마나 긍정적으로 사느냐에 따라서 즐겁게 살 수도 있고 고통스럽게 살 수도 있다. 그것은 자기 몫이다. 자기를 자꾸 개발하고 참되게 살려고 하는 사람들도 있지만 그렇지 못한 사람들도 많다.

부부의 관계가 끊어지면 모든 것을 잃는 것이나 마찬가지이다. 물론 고통스럽고 힘들다. 그러니 부부라는 관계의 끈을 놓아서는 안 된다. 서로 상처를 주는 것도 부부지만, 어깨 위의 무거운 짐을 벗고 그 상처를 완벽하게 잘 치유해 줄 사람도 역시 부부이다.

여섯째 마당

핑크빛 장미 꽃다발

6. 핑크빛 장미 꽃다발

상담 : 잘 지냈어요? 머리 파마했어요?

여자 : 네.

상담 : 잘 했어요. 혜란씨는 생머리보다는 파마하니까 훨씬 좋아 보이네요.

여자 : 형님이 같이 가서 계산해 줘서 거절을 못하겠더라고요.

상담 : 잘 하셨어요. 기분 어떠세요?

남자 : 마음이 편하다 해야 되나?

여자 : 편안한 건 있어요.

상담 : 아직 부인은 전부 다 해결이 안 됐어요. 아직은 뭔가 남편에게 바라는 게 있잖아요.

여자 : 말로 이런 게 아니라, 그냥 뭐라고 해야 되지?

상담 : 표현이 안 돼요? 표현이 안 되면 문제예요. 이런 상황에서 표현이 안 되고 묻어지면 그게 다시 또 고이게 돼요. 그대로 표현해야 돼요. 단어를 연상시킬 필요도 없고, 뭐가 그렇게 불편하죠?

여자 : 좋은 감정은 안 생기는 거 같아요.

상담 : 예전처럼 '너무 좋아'는 없다는 거죠? '그대로 표현' 하란 말이에요. 편하긴 하지만 그 감정이 올라오진 않는다는 거잖아요. 왜 안 올라오는지 아세요? 남편 분이 아직 다 바뀐 게 아니니까, 그래서 남편 분은 무엇을 더 보완해야 되는지를 찾아야 합니다. 두 사람이 가정을 꾸려가면서 이 사람이 나에게 해준 걸 먼저 생각하세요. 이 사람이 내게 얼마나 희생적이고 헌신적인지 생각하여야 돼요. 그럼 거기에 대해 '나는 무엇을 해주었는지?' 그리고 '나는 거기에 어떤 답을 줬는지?' 를 생각해야 됩니다. 예를 들어 부인이 따뜻한 밥 한 그릇과 간장만 준비해 놨다 할지라도, 따뜻한 말 한마디 던져 준 적이 있는지 생각해 보세요. 밥 먹으면서 부인을 사랑하는 마음으로 표현한 게 있는지.

남자 : 저는 그런 표현을 자주 하는 거 같은데,

상담 : 아, 하셨어요? 요즘도 하세요?

남자 : 배고프다고 말을 하면서,

상담 : 헉, 배고프다는 건 뒤에 하여야 돼요. 당신이 이

'음식 만든다고 수고했고, 먹으니까 맛있네? 진짜 배고팠는데,' 하면 느껴지잖아요. 내 기분부터 말하면 안 됩니다. 상대의 것을 내가 받는 것입니다. 받는 것에 대해서는 내 감정이 먼저가 아니라 상대 마음을 먼저 읽어 주어야 합니다. 순서가 바뀌면 감정이 달라져요. 아주 간단한 예로 '보기만 해도 흐뭇한 거 같아, 배불러지는 거 같아,' 이렇게 말하면 부인은 기분이 어때요?

여자 : 기분 좋죠.

상담 : 그런데 '아, 배고파. 당신 고생했다.' 이러면 기분 어때요?

여자 : 그러면 안 들려요.

상담 : 그렇죠? 남편 분, 무슨 이야긴지 알겠죠? 남편 분이 부인한테 예쁜 꽃 선물한 적이 있어요?

남자 : 아주 예전에요.

상담 : 예전이지 지금은 없죠? 예를 들면 그런 걸 하라는 거예요. 선물하면 여자들의 말은 '돈이 얼만데?' 하죠. 그렇지만 꽃 받는 마음이 얼마나 행복하겠어요?

여자 : 한 번도 없다.

상담 : 없답니다. 어떻게 여자한테 꽃 선물을 안 해요?

여자 : 그 옛날이 언젠지 얘기해 봐.

남자 : 만난 지 백일되었을 때,

상담 : 백송이 했어요? 그때 받아보셨어요? 받기는 했네,

여자 : 나는 결혼하고 나서 말하는 줄 알았지.

상담 : 결혼하기 전에는 뭘 못해요. 결혼하고 나서도 그 마음 그대로 가지고 가야죠. 꽃 한 송이라도 '당신 사랑해' 하면서 주면 기분 어때요?

여자 : 좋죠! 나는 진짜 억울한 것도 많아요. 연애할 때는 월급이 적었거든요. 그래도 남들한테 보이는 게 큰지 돈이 없어도 같이 가서 먹고 제가 계산을 다 했거든요. 저는 그게 기억이 생생해요. 예전 일을 생각해보면, 돈이 아깝다가 아니라 '나는 그랬는데' 이 사람은 그런 사소한 것을 '나한테는 왜 안 해 질까?' 이런 거 있잖아요. 그런데 돈이 여유가 있을 때에도, 내가 명품 몇 백만원하는 백을 사달라는 게 아니잖아요, 선생님이 말씀하셨듯이 '꽃을 선물한 적이 있냐?'고 옛날을 이야기하잖아요. 저는 받은 적이 없잖아요? 연애할 때는 그렇게 하지 않는 남자가 어디 있겠어요? 그럼, 그 남자 안 만나죠, 한 적이 없으니 기억에 없죠.

상담 : 남편 분, 그냥 지나가다가 마네킹이 입고 있는 팬티 하나라도 이거 내 부인이 입으면 예쁘겠다고 생각해 본 적은 있으세요?

남자 : 있어요.

여자 : 연애할 때였겠죠, 당연히

남자 : 뭐 옷이라든지 그런 거 보면.

상담 : 그럼 생각은 했었는데, 선물은 몇 번 했어요? 열 번을 생각하더라도 한번은 실천 해줬어야죠.

여자 : 저는 많았어요. 제 옷보다는 이 사람 옷을 샀으니까, 일하다가도 괜찮은 옷 있으면 저는 사줬거든요, 선생님이 계속 말씀하셨듯이, 이 사람은 당연한 거라고 생각했나 봐요.

상담 : 문제가 힘들어지는 게 그거거든요. 똑같이 '이 사람이 저 옷 입으면 예쁠 거야, 이것을 하면 저 사람이 좋아할 거야'라고 똑같이 생각했단 말입니다. 그런데 부인은 행동을 한 것이고, 남편은 행동한 게 없습니다. 그러니까 감정의 골이 점점 깊어지는 것입니다. 생각을 했으면 좋아하는 상대를 위한 배려는 누구나 해야 합니다. 남편은 실천이 안 되니까 부인은 화가 나는 것입니다. 나는 이렇게까지 하는데, 저 사람은 도대체 '내 마음을 알아, 몰라?' 백원짜리를 먹어서 좋은 게 아니고, 천원자리를 먹어서 좋은 게 아니다. 무엇을 먹고, 누구와 어떤 감정으로 먹는지가 중요한 것입니다.

된장찌개 한 그릇을 먹어도 내가 사랑하는 사람과 눈을 맞추고 호호거리면서 떠먹여 주기도 하는 그런 게 행복이다. 몇 십만원짜리 호텔에 가서 먹는 것, 그런 거 필요 없다. 그건 사치에 불과하다. 그런 것은 형식적으로 하는 것이기 때문에 아무런 의미가 없다. 그러니까 대기업의 사장도 이혼을 하고 자살을 하기도 한다. 돈도 많고 누가 봐도 자살할 이유가 없는데, 가슴이 허전해서, 가슴이 채워지지 않기 때문에 자살하는 것이다. 우리는 많은 돈은 없지만, 가슴이라도 채우고 살아야 있는 사람보다 더 당당하게 살 수 있다. 그 사람들은 비싼 화장품을 발라서 주름 펴고 살지만, 우리는 행복을 가지고 있어서 찌그러질 게 없으니까 고칠 것도 없는 것이다. 그렇게 살아야 한다.

그래서 부인은 우리 사랑을 서로 나누자고 한 게 꿈이었다. 우리 서로 사랑을 나누자니까 남편은 '넌 줘, 넌 줘', 이러고 있었던 것이다. 그게 너무 잦아지니까 부인이 지쳐 질려버린다. 한편 부인은 사랑을 주긴 했는데, 내가 행복에 젖어서 당연히 여기고 되돌려 줄 생각을 못한 것이다. 그러니 서로 가슴이 곪아 터진 것이다. 아마도 부인은 처음에는 줄 땐 행복했을 것이다. 남편이 받아서 '행복해 하는 모습'만 봐도 행복했을 것이다. 인생에 있어 최고의 행복은 사랑받고 있음을 확인하는 것이다.

그런데 사랑은 자신의 마음으로 상대를 바라보기 때문에 생기는 이기적인 감정이다. 그래서 배우자에게 '한번은 줄 거야' 라는 기대감이 생긴다. 열 번을 주면 '한 번은 줄 거야'라는 기대가 있는데, 열 번을 줘도 반응이 없으니까 서운함이 누적된 것이다. 그렇다고 생색내기엔 부인의 자존심이 너무 강했다. 부부간에 자존심이 너무 강하면 상대는 상처를 받게 되어 아프게 된다. 문제는 자신이 사랑하는 만큼 배우자가 자신을 사랑해 주지 않는다고 해서 더 이상 사랑하기를 포기한다면 그것은 부부의 끈을 놓으려고 하는 가장 잔인한 방법일 뿐이다.

갈등이 많은 부부들은 서로 상대방을 가리키며 '당신 때문에 내가 이렇게 힘들다'. '당신을 만나서 내 인생이 이 모양이 꼴이다'고 한다. 문제는 배우자가 자신을 사랑하지 않기 때문에 불행하다고 상대를 탓한다. 그러나 사실은 자신이 탐욕과 이기심으로 가득 차 있어서 배우자의 마음을 받아들이기 어렵고 사랑하는 마음이 없어서 내가 불행한 것이다. 사랑하는 마음이 들어가지 않는 관계는 깨지기 마련이다.

상담 : 남편은 최근 어떤 선물을 했지요?

여자 : 결혼하고는 안했어요. 아마, 했다 해도 '니가 알아서 사' 이랬을 거예요. 그게 저 사람이 나한테 해 줄 수 있는 최대치라고 생각하는 사람이니까,

상담 : 양말 한쪽이라도......, 당신 맨발로 그렇게 있는 거 보니까 발이 지저분해지고, 군살 생기는 거 같아서 싫었다. 그래서 퇴근하다가 덧신이 있길래 하나 샀어, 그래야 돼요.

여자 : 딱 한번 받아봤어요. 선생님 말씀하신 그 덧신. 한겨울에 서서 일하니까 춥다고, 딱 한번.

상담 : 생각할 수 있는 마음은 있는데, 그 생각이 너무 뜸하다는 거예요. 이렇게 잘 지낼 수 있고 행복할 수 있는데, 그리고 부인이 남편을 사랑하지 않는 것도 아니고......, 그런데 그 사랑하는 마음이 예전처럼 새록새록 새로워지려면 더 발전적이고 친근감이 있어야 하는데 처음보다 갈수록 못해지잖아요. 남편 분이 괜찮은 사람이기도 하지만 여자분도 정말 괜찮은 사람이에요. 어떤 남자가 봐도 탐낼 수 있는 여자예요. 부인의 '마음'만 보고 살아요. 부인의 마음을 느끼게 되면 어떤 남자든 탐내게 되어 있어요. 이렇게 예쁘고 가슴 따뜻한 여자는 정말 흔치 않아요.

상담 : 근데, 부인은 그 지혜로 채워주려고 하는데, 남편은 욕심만 부려요. 그걸 아셨으면 좋겠어요. 그리고 부인은 이제부터는 자존심 세우지 말고......,

'잡아 놓은 고기 밑밥 안 준다'는 말이 있다. 중요한 게 잡아놓은 물고기도 화가 나면 그물을 뚫고 바다로 도망간다. 사람들은 자신의 지갑 속에 든 보석은 보석인 줄도 모른다. 왜냐하면 '내 것'이라고 생각하기 때문이다. 사람은 '소유하려고 하면' 문제가 생긴다. 이 사람과 평생을 같이 하기로 했으면 상대에게 최선을 다해야 한다. 그런데 옆에 있는 다른 사람에게 최선을 다해서 문제가 된다. 우리는 자신의 배우자에 대해 너무 무관심한 삶을 살고 있지는 않은가?

조물주가 남자에게 일 할 수 있는 노동의 능력을 주었다. 그래서 힘은 여자가 남자를 따라갈 수가 없는 것이다. 반면에 남자를 만들어 놓고 보니까 뭔가 모르게 허전해 보여 그것을 완벽하게 만들기 위해서 만든 게 바로 여자이다. 그래서 세세하고 세밀하고, 아주 정밀한 기능을 여자한테 주었다. 그러면서 여자한테는 생산의 능력을 준 것이다. 아기로 대를 이을 수 있는 능력을 주었다. 그런 능력을 각자가 잘 활용하여야 한다.

따라서 남자는 힘을 가지고 있으니까 그 힘으로 부인을 지켜야 되는 것이고, 여자는 남자가 없는 지혜를 가지고 있으니까 그 지혜로 내조를 해야 한다. 그래서 부부가 하나가 되는 것이다. 부족한 게 서로 채워지기 때문에 서로 조율이 되는 것이다.

세상에 공짜가 없다는 걸 알아야 한다. 예를 들어 부인이 '당신 사랑하기 때문에 이걸 했어.' 라고 하면, 남편도 정말 사랑해서 해주는 것이라는 것을 생각해야 한다. 그런데 '아, 사랑해서 나한테 주는구나!' 그것까지만 생각하면 안 된다. 사랑해서 주기 때문에 나도 뭔가 '저 사람한테 해 줄게 없나?' 그 생각을 해야 된다. 그게 부부관계의 이치이다.

부부가 서로 사랑하면서도 상대에게 자꾸 다른 보상을 구하다 보면 사랑하면서도 행복은커녕 오히려 지금처럼 괴로움만 느끼게 된다. 물론 인간관계에서도 마찬가지이다. 특히 부부는 서로 자꾸 보완해 주고 싶은 욕구가 생겨야 한다. 어제랑 오늘이랑 다르니까 어제 못했던 것을 오늘은 해 줄 수 있어야 한다. 그게 행복한 것이다. 보상을 바라기보다는 상대의 아픔을 어루만지는 자체가 행복이다. 이렇게 서로 보완이 되면 실증날 일이 없는 것이다. 문제는 맨날 제자리걸음, 똑같은 패턴으로 살면 금방 질리게 마련이다. 사랑의 패턴은 어떻게 하느냐에 따라 오랫동안 가는 것이다.

부부간에도 서로 주는 것과 받는 것이 있어야 결혼 생활이 잘 유지된다. 내가 한 가지 해주면 배우자도 한 가지를 해줄 때 문제가 생기지 않는다. 그러나 부부간에 한 쪽이 너무 손해 보거나 너무 얻는 것이 많아지면 균형이 깨어져서 관계가 지속되기 어렵다. 이는 꼭 경제적인 것만을 의미하는 것이 아니라 부부로서의 도리와 공감의 문제이다. 실제로 부부는 서로 움켜진 인연보다는 서로 나누는 인연으로 살아야 하는데, 어느 한쪽이 일방적으로 강요하거나 일방적으로 복종하거나 희생을 당하는 경우가 많다.

나는 '당신'만을 사랑하는데, 당신은 왜 '나'만 사랑하지 않느냐 하는 문제이다. 부부는 상대를 무시하는 인연보다는 서로 존중하는 인연으로 살아야 한다. 더 많이 좋아해 주지 않는다고 분노하지도 말고 이 만큼 좋아해 주는 것에 대해 만족할 줄도 알아야 한다. 부부는 서로가 상대방에게 잘 해 주어야 잘 산다는 것은 기본 이치이다. 때때로 한 쪽이 손해 보는 것 같기도 하고 다른 한 쪽은 받기만 하는 상태가 될 수도 있다. 또 어떤 경우에는 주어도 받지 못하는 경우가 생길 수 있다. 이런 불균형은 깨어지기가 쉽다.

그래서 사랑은 살아가는 동안 서로 부족한 부분을 채워주려고 노력하는 것이다. 가까워졌다고 서로의 관심을 놓아버리면 안 된다. 주기만 하는 사랑이라 지치지 말고 서로 더 많이 줄 수 없음을 아파해야 한다. 부부는 언제나 처음 만났을 때 그 마음을 생각하면서 살아야 한다. 그 마음이 아니면 사랑은 지속되기 어렵다. 처음에는 서로 좋아서 결혼을 했었다. 그러니 상대를 향해 있는 마음, 처음 만났을 때 그 설레이는 마음을 평생토록 잊어버리지 않아야 한다. 항상 같은 마음으로 살아가야 한다. 그게 사라지면 힘들어진다. 처음 그 사람을 생각했을 때 설레이는 그 마음을 잊어버리면 안 된다.

부부란 함께 기뻐할 줄 알고, 서로 포기하지도 말고, 더 오래 간직할 수 있는 그런 사람이 되어야 한다. 항상 그 마음을 갖고 가야 원활한 부부관계가 유지된다. 인생이란 긴 여정에 서로가 아픔을 외면하지 않기를 바란다. 부부가 서로에 대한 첫 마음이 한번 무너지면 신뢰를 회복하기도 어렵다.

그러니까 나이가 들면서 좋은 마음은 하나도 없고 무기력하고 재미없이 무덤덤하게 살아가는 것이다. 뭔가 색다른 걸 찾으려고 하다보니까 내 부인, 내 남편과 다른 색깔의 사람을 만나서 자극을 받고 싶어 한다. 그게 바람피우는 것이다. 부부가 행복해지려면 결혼할 때의 그 첫 마음을 항상 유지해야 한다. 배우자를 만나기 위해 준비하고, 잘 보이려고 했던 그 진실한 마음을 간직하고 있으면 된다. 그러면 언제나 행복하게 사랑할 수 있다.

상담 : 우선 남편 분은 부인이 하는 걸 '그대로 따라'만 하세요. 그럼 실수 안 해요. 부인이 뭘 주면 '나도 뭘 줘야지' 하고 생각하세요. 그것조차도 안하면 문제가 됩니다.

남자 : 네.

상담 : 상대가 하는 대로만 따라 해도 그나마 유지가 돼요. 근데 상대가 하는데 묵인하고 받아버리면 더 힘들어져 버린다는 거죠. 그냥 최소한 상대가 하는 대로만 따라하세요. 그게 행복하게 하는 방법이에요.

남자 : 네.

상담 : 부인은 지금 편하긴 하지만, 아직 예전 그 감정이 살아나지 않는다는 것입니다. 자기 떨림을 다시 찾아주셔야 돼요. 서로가 찾아줘야 돼요. 돈 많이 든다고 좋은 거 아니에요. '나를 어떻게 생각해서 했다'는 게 중요한 거예요.

여자 : 네.

상담 : 말 한마디라도 '나를 생각하는 말이구나!'라는 게 들어가야 해요.

말을 할 때도 저 사람이 나한테 한다고 생각하고 해야 한다. 무작정 말을 내뱉으면 또 힘들어져서 결혼생활이 실패할 수밖에 없다. 또 불편할 때에는 당신이 '그렇게 하는 게 싫다'는 걸 표현해야 한다. 그러면 상대가 '그렇게 하면 싫구나'하고 인정하고 고치려고 노력한다.

그리고 어떤 말을 하던 거울로 생각하고 해야 한다. 상대에게 꼭 말을 해야겠다 싶을 때는 '너무 화났으니까 욕 할거야!'라고 먼저 예고하고 하면 말이 잘 들린다. 그러나 공격이라는 느낌이 드는 순간 상대는 귀문을 닫아버린다.

상대가 나를 공격한다고 생각하기 때문이다. 그러니 그 내용은 기억하지 않는다. 상대를 가장 무섭게 대하는 방법은 화가 나면 소리를 낮추면 된다. 내가 소리지르면 상대는 더 큰 소리를 지르며 강하게 반응해 나온다. 일종의 방어기제이다.

실제로 화가 났을 때 소리를 지르지 않고 아주 저음으로 깔고 말을 했더니, 아이들이 긴장을 많이 했었다. 너가 오늘 이렇게 했는데 엄마는 이렇게 하길 바라는데, '너가 이렇게 했어', 그러면 아이들은 자신의 생각을 말할 것이다. 그럼 너는 이렇게 생각했는데 결론은 '어떻게 되었니?' 그래서 엄마는 '화가 나' 하면 된다. 부부이든 친구이든 마찬가지이다.

귀문을 열게 해야 된다. 화가 난다고 버럭 소리 질러버리면 상대는 귀문이 열리지 않아 알아듣지를 못한다. 내가 화난 감정을 전달하고 싶으면 소리를 올리는 게 아니라 내려야 한다. 그래야 화가 났다는 게 제대로 전달이 되어 느껴진다. 그럼 귀문이 열릴 수밖에 없으니까 들리게 된다. 그게 서로를 더 이상 아프게 하지 않는 방법이다.

상담 : 남편 분은 부인의 마음을 많이 알아주었으면 좋겠어요. 부인의 마음이 되살아나기 위해서는 남편분이 많이 노력하여야 합니다.

남자 : 네.

상담 : 부인 역시도 자기표현을 제대로 해야 돼요. 숨기지 마세요. 알아 줄 거라고 생각하지 마세요. 말을 해도 못 알아듣는데, 말을 하지 않으면 어떻게 알아요? 말을 해야 돼요.

여자 : 이 사람도 겁난다고 할 정도로……, 제가 좀 나쁘게 말하면, 지랄같다고 하잖아요? 화나면 그렇거든

요. 조카를 돌봐 주는데 힘들 때가 많거든요. 그런데 아이들은 '보는 그대로' 말하고 어른을 따라 하더라고요. 그래서 생각을 아주 많이 했어요. 아이들이 정말 말을 안 들을 때도 있거든요. 그럴 때에는 아이들의 손을 잡고 앉아 '너 같으면 어떨 것 같아?' 하면 자기생각을 이야기하거든요? 그럼 성격도 누그러들더라고요. 형님도 그러더라고요. 나쁜 말하고 싶어도 아이들이 있어서 못 한다고. 그런데 솔직히 남편한테는 그게 잘 안 됐어요,

상담 : '아이나 어른'이라고 선을 그어버리면 안 돼요. 사람 마음은 똑같아요. 배고프면 밥 먹는 건 아이나 어른이나 똑같잖아요, 사랑해 주면 좋아 하는 것도 똑같아요. 다만, 양의 차이는 있겠지만요.

여자 : 내가 사랑을 주면 아이는 나한테 그 사랑을 되돌려 주는데, 남편은 그게 안 된다는 걸 느끼니까요.

상담 : 그래도 같이하세요. 초심을 잃지 말라고 한 것처럼 순수했던 어린 자아를 항상 갖고 있어야 돼요. 그래야 세상을 맑고 행복하게 살아요. 남편과 주위 환경에는 언제나 똑같은 마음으로 주고받아야 돼요. 어른은 경험이 있고 사회를 조금 더 살아서 절제할 줄 알고, 나름대로 선입견이 있어 선이 그어질 뿐이지 누구나 똑같아요. 있고 없고, 크고 작고, 나이 많고 적고 그런 거 상관없이 똑같은 마

음으로 하여야 해요. 어른이니까 '알아서'라고 생각하지 마세요. 사람 마음은 같아요. 절제하고 조율할 수 있다고 해서 알아서 해야 되고, 그런 건 아닙니다. 사람의 마음은 주면 좋은 것이 당연하고, 받는 걸 싫어하는 사람은 없어요. 그 선물이 뇌물이면 문제겠지만, 나한테 줘서 싫은 사람은 없습니다. 남편 분, 지금 가면서 핑크색 장미꽃을 부인에게 사 주세요. 정말 두 분이 잘 되고 싶으면 다섯 송이 아니면 여덟 송이를 사야 해요. 이게 완성이라는 숫자거든요. 다음 회기 때 와서 몇 송이 사줬는지 이야기하세요. 그럼 설명해 드릴게요.

남자 : 5하고 8이 그런 의미에요?

상담 : 5가 완전한 숫자를 의미해요. 우리가 방위를 따질 때 4방을 쓰잖아요? 그걸 '자기중심에 섯다'고 해서 5라는 숫자를 써서, 완성된, 완전한 의미를 지니고 있어요. 8이라는 숫자는 이렇게(∞) 꼬여 있습니다. 이걸 풀어버리면 원이 됩니다. 원은 깨달음을 의미합니다. 그래서 세상의 이치를 다 본다는 것입니다. 무엇을 선물하느냐는 남자분이 알아서 하세요. 오늘은 여기까지 할게요.

일곱째 마당

사람과 문제의 분리

7. 사람과 문제의 분리

상담 : 잘 지냈어요?

여자 : 네, 남편과 같이 오다가 접촉사고가 났습니다.

상담 : 다치지 않았나요? 몸은 괜찮아요? 남편 분도 괜찮아요?

여자 : 네, 몸은 다치지 않았습니다. 차만 좀...... 그래서 오늘은 저 혼자서 상담을 받아야 할 것 같아요.

상담 : 몸이 다치지 않아서 천만 다행입니다. 혹시라도 저녁에 주무시고 내일 아프면 병원가셔야 합니다.

여자 : 네, 어제는 형님하고 이런저런 이야기를 하다가 들은 이야기가 있어서 중계 아닌 중계를 했지요. 형님한테 들은 이야기를 신랑한테 똑같이 전했습니다. 식사를 하다가 '욱' 하고 화를 내는 것입니다.

심하게는 옛날처럼 욕을 하면서 그만하라고 짜증을 냈어요. 나는 대화를 하자고 하는데, 이 사람은 '내가 말하는 것'에 기분이 나쁜 것입니다. '잘 생각 해봐라. 나는 그게 아니다. 나는 당신이랑 내용이 중요하지 않다. 대화를 하자고 한 것'이다.

상담 : 이야기의 화두만 꺼냈는데.......

여자 : 이 사람은 내용이 기분 나쁜 거예요. '내가 들어서 기분이 나쁘면 당신도 들으면 뻔히 기분이 나쁠 것인데 내가 그 이야기를 왜 하겠느냐?'고, 그리고 이렇게 되면 '우리가 대화할 의미가 없다. 차라리 TV 켜놓고 TV보는 게 나는 더 즐겁다. 당신하고 대화하는 것이 헛 시간을 보내고 있는 것이다. 그러니 잘 생각해 보라'고 했더니 '아니, 그게 아니고' 라고 했어요. '아니 그게 아니고'가 아니라 상담 선생님께서 '왜 시간 낭비를 하느냐'고 그렇게 말씀하시지 않았느냐고......

상담 : 그러니까 뭐라고 하던가요?

여자 : 제가 느끼기에는 내 말은 이해하는데, 인정이 안 되는 것 같습니다. 일단 자기가 기분이 나쁘고.

상담 : 자존심이 상해버렸거든요...... 이래서 상담이 필요한 거죠. 동서한테 들은 그 이야기를 걸러내지도 말고 남편한테 이야기를 하는데 제일 먼저 이것을 들었을 때 혜란씨 마음이 상했잖아요?

여자 : 아니, 상한 말이 아니었어요. 상한 말이 아니라 형님이 걱정되는 부분을 말한 것이었어요.

상담 : 혹시 혜란씨가 듣고 '상할까봐' 하는 그 마음이 전이가 된 것입니다. 그리고 '있는 그대로' 이야기해야 하되, 그전에 상해야 될 남편의 마음을 먼저 생각하면 돼요. 왜냐하면 형님이 소개한 덕분에 형님이 다니는 회사에 다니잖아요. 형님의 입장에서는 혹시나 실수할까봐 염려되잖아요. 남편의 입장에서는 형님의 소개로 입사했는데, 염려하는 형님의 느낌이 아마 느껴졌을 거예요. 그런데 그 이야기를 동서까지 통해서 들어와 혜란씨에게 염려하게 했잖아요. 그게 남편의 입장에서는 더 속상할 수가 있어요. 남편의 내면에 '내가 알아서 잘할 것'인데 그 이야기를 집사람에게까지 해야 하는가 하는 마음이 들었을 것입니다. 요즘 잘 하려고 노력하고 있는 중인데, 그렇게 이야기가 전해지니까 속상한 것입니다. 혜란씨가 상한 마음이 들었다면 숨길 필요도 없이 먼저 남편의 상할 마음을 읽어 주었어야 합니다. 내가 무슨 이야기를 할 건데, '듣고 상할 수도 있어요'라고.

여자 : 그 말을 제가 먼저 했어요.

상담 : 했어요? '당신 이 말 들으면 상할 수도 있는데, 나도 들으면 상할 수도 있다는 생각이 들어.' 내 마

음을 이야기해야 해요. 그런데 나는 상한 마음을 생각하기 이전에 '이 말을 하는 사람의 입장을 생각해 주었으면 좋겠어.'라는 말을 먼저 해야 합니다. 그리고 나서 '자기야, 아주버님이 이런이런 걱정을 하신다'고 하더라. 내가 보기에는 아주버님의 걱정이라고 하시는데, '당신을 못 믿어하는 것 같아. 내 마음이 좀 상하네.'라고 내 마음을 전해야 합니다. '나는 당신을 다 믿고, 당신이 어떤 사람인지 다 아는데 아주버님이 자기를 못 믿어 주는 것 같아 마음이 좀 상해. 당신이 이 이야기를 들으면 마음이 상할 것 같은 마음이 들었어.' 그래서 우리 상한 감정으로 듣지 말고 '우리를 염려하는 아주버님의 마음으로 생각했으면 좋겠어.' 이렇게 이야기를 시작했었어야 하죠. 느낌이 어때요? 다르죠?

여자 : 헤헤, 그렇게까지는 생각을 못했어요.

상담 : 벌써 그게 다 되면 혜란씨가 선생님하시지요.

여자 : (헤헤, 웃음)

상담 : 그렇잖아요? 그런데 혜란씨도 참 빠르다는 생각이 듭니다. 전에도 빨리 알아듣는다는 말씀을 드린 적이 있지요. 혜란씨가 앞으로 상담 공부를 하면 좋겠다는 생각이 들만큼 이해력이 빠르고 또 실천을 잘 한다는 것입니다. 사실 실행하기가 쉽지가

않거든요. 여기 상담하면서도 느끼겠지만 많은 사람들은 듣기는 들었는데 실행이 잘 안 돼요. 그런데 혜란씨는 그렇게 노력하고 있잖아요. 어차피 노력하는 거 이런 감정을 먼저 읽어주고 '내가 들어도 마음이 상할 것 같아. 나는 당신을 믿는데.' 그러니까 '내가 당신을 믿는다'는 말을 먼저 해주어야 합니다. 그리고 같이 사는 '내가 당신을 가장 잘 알잖아. 나는 당신이 든든하고 믿음직스러워. 그런데 아주버님이 보는 입장에서는 당신이 걱정되고 염려가 되는 부분이 있는가 보다.' 이렇게 이야기를 하면 되죠. 그러면 혜란씨 어떨 것 같아요? 남편이 그 정도도 이해 못할 사람은 아니잖아요?

여자 : 더 좋아질 것 같은 기분이 드네요.

상담 : 그렇죠? 내 마누라가 나를 이렇게 든든하게 믿어주니까 누가 뭐라고 하더라도 '나는 걱정이 없어' 하는 생각을 들게 하잖아요. 그러니까 똑같은 말을 하더라도 상대를 배려하라는 것입니다. 그러면 남편하고 계속 잘 풀릴 것입니다.

대화에서 표현하는 방법을 좀 세련되게 하여야 한다. 세련되게 하려면 상대의 마음을 먼저 읽어주는 방법으로 대화를 해야 한다. 그러면 갈등이 더 와해(瓦解)되면서, 편안해지고 신뢰가 생기고 든든함이 생기게 된다.

그리고 남편은 '내 아내가 나를 믿어주는구나' 하는 생각이 들면 '아내를 위해서 내가 뭔가를 해주지 않으면 안 되겠다.'는 의무감을 가지게 된다. 그러니 이 사람의 진정한 행복을 위해서 '나는 뭔가를 해야 한다'는 생각을 무의식에서 가지게 된다. 여자가 남자의 '입안의 혀'처럼 굴면 남자는 간도 쓸개도 없이 여자에게 다 빼 준다.

그런데 많은 여자들은 입안의 혀로 놀기를 싫어한다. 자꾸 바깥으로 튕겨나가려고 한다. 가만히 있으면 정말 대우받을 수 있는데 자꾸 튕겨나가려고 하는 욕심이 있어서 공격이 된다. 튕겨 나온다는 것은 마찰을 일으킨다는 것을 의미한다. 혜란씨가 나름은 잘 하였는데, 상대를 먼저 읽어주는 방법으로 해보면 도움이 될 것이다.

먼저, 그 이야기를 들으니까 '나도 상해. 그러니 당신도 상할 수 있어.' 그런데 나는 당신을 믿어 그리고 나는 형님이나 아주버님 입장에서는 아랫사람인 '동생을 보는 입장에서 염려가 되는 것 같더라. 그래서 그런 이야기를 하는 것 같은데,'라고 하면서 여차여차해서 이렇게 하더라. 아마 형님이나 아주버님 입장에서 염려가 되시지만 나는 걱정 안 해.

왜냐하면 '나는 당신이 어떤 사람인지 다 알지만, 그분들은 당신을 다 모르니까 그런 걱정을 하는 것 같애. 그렇지? 그런데 당신을 못 미더워 하는 게 기분은 별로야. 나는 이렇게 당신을 믿는데 왜 그 분들은 동생을 안 믿어 주는지

속은 상해. 그래서 당신도 상하겠다는 생각이 들어서 말하기가 좀 조심스러웠어.' 이렇게 말하면 되는 것이다.

상담 : 그러면 어떨 것 같아요? 좀 다르잖아요?

여자 : 그런데 평소 때에도 형수들을 별로 안 좋게 생각하거든요.

상담 : 왜 형수들을 안 좋게 생각할까요?

여자 : 글쎄요.

상담 : 남편이 형수들을 안 좋게 생각하는 것은 아마도 혜란씨와 결혼하기 전에 형수들이 '내 부모에게 어떻게 하는지를 보았기' 때문입니다. 지금은 형수들이 잘 하실지 모르지만, 총각시절에 형수들이 내 부모한테 하는 것이 뭔가 좋지 않은 기류가 흐른 것이 있을 것입니다. 아니면 형님이 형수에 대해서 부정적으로 생각하는 것이 있을 수도 있습니다. 이런 것들 때문에 남편이 형수에 대해 불신을 가질 수도 있습니다. 만약에 그게 아니라면 남편의 근본 밑바탕에 아주 어린 자아가 엄마를 믿지 못했던 것입니다. 엄마에 대한 불신이 있어서 그럴 수도 있습니다.

여자 : 제가 20살 때 이 사람을 만났는데 이런 이야기를 했습니다. '큰 형님이 대학원까지 졸업했고, 그런데 작은 형님과 남편은 고졸입니다. 큰 형님은 부모

님이 밀어주었기 때문에 공부를 했었고 남편은 고등학교 때 집이 싫었다'고 말했습니다. 부모가 싫은 게 아니라 집이 싫어서 고등학교도 다른 지역으로 갔고, 3년 내내 기숙사에서 지냈다고, 졸업하자마자 창원으로 와서 회사를 다녔고 그런데 주말마다 할머니를 뵈러 집으로 갔다고 합니다. 심지어는 어머니가 도시락 반찬에도 차별을 했었나 봅니다. 저는 없이 커도 그렇게 편애를 받지는 않았는데……

상담 : 그러니까 엄마에 대한 공격입니다.

여자 : 내가 느끼기에도 남편은 '집에 가기 싫었고 돈을 벌고 싶었다.' 그런 이야기를 많이 했거든요.

상담 : 돈 때문에 차별당했다고 생각했겠지요.

여자 : 제가 느끼기에는 그런 게 은연중에 고졸의 학력이랑 대졸의 학력이랑 분명히 취직에 한계가 있잖아요.

상담 : 그때에는 그럴 수도 있지요.

여자 : 네, 그런데 어머니는 너희들이 공부를 열심히 하면 대학은 보내줄 게 했는데, 가정 형편이 그렇게 되질 못했어요. 빚을 내서 큰 아들은 대학원까지 보내주었고 그게 남편의 눈에 다 보였던 것입니다. 그게 크면서도 그런 게 분명히 있었습니다. 이런 말을 하는 남편이 안쓰러웠기 때문에 저는 금전적

으로는 이 사람을 힘들게 하지 않아야 하겠다고 생각했습니다. 어린 나이 때 연애하면서 큰집들을 보면, '저런 집에 사는 사람들은 도대체 누굴까?' 우리는 20대 때에 그런 생각을 하게 되었습니다. 연애하는 것도 즐겁지만 저희는 그런 쪽으로 눈을 돌린 것 같습니다.

상담 : 어떻게 하면 저런 집에 살지? 하는 느낌을 가졌군요.

여자 : 네, 우리는 둘 다 촌에서 자랐기 때문에, 어떻게 저런 집에서 살지?

상담 : 음~, '평생 저런 집에서는 못 살 것 같다'는 생각도 들고....

여자 : 네.

상담 : 네, 맞아요. 그런데 지금은 어때요?

여자 : 지금은 별로 그런 생각은 안 들어요.

상담 : 누구나 할 수 있다는 거죠?

여자 : 네.

상담 : 봐요. 지금은 두 사람이 의기투합하니까 되잖아요. 그만큼 서로에 대한 믿음이 필요한 것입니다. 어떤 대화에서든지 서로에 대한 믿음이 먼저라는 것을 잊어버리지 마세요. '내가 당신을 사랑해. 내가 당신에 대해서 이런 마음이야. 그러니 남들이 뭐가 그리 중요해. 그런데 듣기가 좀 그랬어.'라고

표현하면 남편은 '그게 뭔데' 하고 반응이 나올 것입니다. 그때부터 이야기가 되는 것입니다.

여자 : 제가 이 사람이 있어서 연애할 때의 이야기를 많이 못했습니다. 기분 나쁘고 싫어할까봐 일부러 안했습니다.

상담 : 네, 안한 게 아니라 못했지요.

여자 : 오늘은 제 혼자 왔으니까 이야기할게요. 저희가 96년도에 만났어요.

상담 : 와!

여자 : 갓 20살 되는 해에 아는 사람 소개로 만났어요. 한 4년 정도 지나서 제가 결혼을 해야 되겠다는 생각에 그 어린 나이이지만 시어른께 '결혼을 시켜주세요. 저희 능력으로 하겠습니다.'고 이야기를 했어요. 그런데 시어머니는 그게 용납이 안 되는 것입니다. 큰 아들이 아직 장가를 안 갔는데 셋째가 어떻게 결혼하느냐……?

상담 : '뭘 믿고 결혼하느냐?' 입니까?

여자 : 뭘 믿고가 아니에요. 큰 형님이 아직 결혼을 안했는데 너희가 왜 결혼을 해?

상담 : 아, 쉽게 말하면, '질서를 지켜라' 이 말이네요.

여자 : 형님이 모든 걸림돌이 된 거예요. 그때는 걸림돌이라고밖에 생각을 안 했어요.

상담 : 음, 음~

여자 : '그냥 같이 살아라.' 그래서 알겠다고, 그때부터 혼인신고를 해버리고 동거를 했어요. 하여튼 지금까지 왔어요. 그 어린 나이에도 우리는 '집을 얻는데 돈을 보태주세요.' 이렇게는 하지 않았어요. 그리고 6개월 지나서 저도 같이 일을 하다가 직장이 너무 먼 거예요. 그래서 직장을 옮기기가 힘들어서 집을 옮기기로 했어요. 그런데 돈이 오백만원이 모자랐어요. 그래서 시어른께 이야기를 하니까 큰 형님이 장가를 안 갔고 기반도 못 잡았는데, 어떻게 너희들이 먼저 집을 사느냐고 했어요.

상담 : 그런 어른들의 고정관념이 ....

여자 : 그러니까 살면서 자꾸 그런 생각이 나는 것입니다. 그 집이 6개월 지나니까 1억원이 넘게 올라버렸어요.

상담 : 스트레스 받았겠네요.

여자 : 거기다가 '아이도 낳지 마라' 하고.

상담 : 그러니까 지금까지 아기가 없군요.

여자 : 그것은 솔직히 제가 오기도 좀 있어요. 어머니에 대한 오기가 더 커요.

상담 : 그렇죠. 원망이 생기겠지요.

여자 : 예.

상담 : 그러니 남편도 엄마가 아주 싫겠네요. 그런데 형수에 대한 반발이 아니고 엄마에 대한 감정이 형수

에게 전이가 되었고, 전이가 되니까 여자에 대한 감정이 스트레스를 주는 것이거든요.

여자 : 저도 그때는 솔직히 형님들을 별로 안 좋아했거든요.

상담 : 음음, 싫어할 수밖에 없죠. 왜 내가 떳떳하지 못한 것도 아닌데 형님들 때문에 그런 형태로 몰려갔으니까 싫어할 수밖에 없었지요.

여자 : 저는 아주 우습게 된 것입니다. 두 형님에 비해서 어머니를 본 것이 8년 이상 많은 세월이었어요. 두 형님들은 20대 후반이 되어서 시집을 왔고 나는 20살 때부터 어머니를 보아 왔어요. 제가 처음에 시골에 갔을 때는 불 피우는 아궁이에 재래식 화장실이었어요. 저의 친정 집은 그렇게 어렵게 자라지는 않았지만, 시집의 그런 환경이 당연하다고 느꼈어요. 어른들이 고생하셨는데.

상담 : 당연하다고 받아들인거죠.

여자 : 그런데 형님은 대성통곡을 했다고 하더라고요. 저는 그게 이해가 안 되었어요. 저는 20살에 그런 모습을 보면서 8년 동안을 지냈고, 형님은 그 이후에 시집에 왔으니까 제보다 8년 후에 그 환경을 본 것이잖아요.

상담 : 음~, 그렇구나, 그래서 하는 수 없이 어른들이 집 구조를 고칠 수밖에 없었겠네요.

여자 : 네, 새 며느리가 들어온다는 이유로. 큰 며느리가 온다는 이유로 집 수리를 하더라고요.

상담 : 남편은 형수가 웬수로 느껴지겠네요.

여자 : 그러니까 형수는 아무 잘못도 없는데, 화살이 형수라는 이 사람한테 가는 거예요.

상담 : 그렇죠.

여자 : 그냥 싫은 거예요.

상담 : 남편의 입장이 되면, 형수가 싫을 것 같네요. 내 인생의 진로에 방해가 되었잖아요. 그러니 스트레스를 많이 받은 것입니다. 그래서 앞에서 말했지만, 형수들이 미운 이유가 충분히 있거든요. 그리고 혜란씨와 살면서 힘들어졌을 때 어머니가 아주 원망스러워졌을 거예요. 형님과 상관없이 먼저 장가를 보낼 수 있는 것이잖아요. 그런대로 굳이 형을 먼저 고집했잖아요. 그런데 형이 먼저 장가가는 게 그렇게 중요합니까?

여자 : 옛날 사람은 중요했겠지요. 그 때 당시에는 장남이나 서열, 위계질서가 중요했겠지요. 그 시절에는 딸에게는 상속도 안 되었고 장남한테 상속이 다 되었던 시절이니까요. 지금은 딸에게도 상속이 됩니다만, 예전에는 장남 장손이 아주 중요했지요.

상담 : 역지사지라는 것을 아네요. 이럴 때는 부모의 입장을 충분히 이해하네요.

여자 : 네?

상담 : 부모의 입장에서 장남을 중요시하는 것을 이해하잖아요.

여자 : 아, 네. 그런데 애매한 게 저의 아버님이 막내인데, 시할아버지 시할머니 제사를 저의 아버님이 다 지내세요.

상담 : 왜 그럴까요?

여자 : 아버님의 입장에서는 그런 모습이 정당하다고 생각하는 것이지요. 어떤 면에서 저는 며느리로서 제3자의 입장이기는 하지만, 분명히 편애해서 아들을 대하는데 '삼형제 간에 우애가 좋아야 한다'고 항상 말씀하셨어요.

상담 : 그 말은 맞지만, 편애는 안 해야죠?

여자 : 제 말이 그 말입니다.

상담 : 만약에 위계질서를 따졌다면 남편이 막내잖아요. 그런데 막내인 시아버지가 왜 제사를 지냅니까? 옛날에는 장남이 제사를 지냈잖아요. 굳이 막내가 하지 않아도 되고, 맏이한테 권리를 줘야 하지요. 문제는 왜 제사를 막내인 시아버지가 가져왔는지 모르잖아요. 제사를 가져 온 어떤 상황이 있겠지요. 예를 들면 큰 집 제사는 장남인 큰 할아버지가 가져가고 작은 집 제사를 막내인 시아버지가 가져 올 수도 있었잖아요. 큰 집에 자식이 없어서

시아버지가 가져 올 수도 있고, 옛날에 양자로 갔을 수가 있고....

여자 : 네, 맞아요. 양자도 갔었고, 그 중간에 시숙부가 또 있어요. 그런데 그 시숙부가 제사를 안 지내고 '난 몰라' 한 상황이었어요.

상담 : 그렇죠. 그런 사연이 있었으니까 시아버지가 제사를 모시는 것이지요. 시아버지가 시숙부보다는 더 효자였으니까요. 그리고 남편도 그런 모습을 보았으니까, 제가 보기엔 남편의 삼형제간 우애는 좋아요.

여자 : 네, 그런데 남편에게 '삼형제간에 우애만 좋으면 그만인가?'라고 했어요. '며느리들은 피가 터져도 삼형제만 좋으면 되느냐'고 했어요. '여자들이 잘 들어와야 집안이 바로 서지'라고 말했어요. '당신들만 괜찮으면 되느냐고, 며느리들이 지금 서로 얼굴을 안 보고 있지 않느냐고?' 했더니 거기에 대해 전혀 이해를 못하는 것입니다.

상담 : 형하고 사이는 괜찮은 것 같은데 형수들이 문제라고 생각하는군요.

여자 : 그러니까요.

상담 : 바로 그거거든요.

여자 : 이 말을 꺼내고 싶었는데, 이 문제 때문에 집에 가면 또 싸울까봐 말을 못했어요.

상담 : 그나마 형제들만이라도 우애가 있으니까 여자들은 그냥그냥 형식만 갖추고 있는 것 같거든요. 형제들만이라도 우애가 없었으면 다 뿔뿔이 흩어졌을 거예요. 혜란씨 말씀만 들어보면 혹시 맏동서가 욕심이 좀 있을 것 같은데요.

여자 : 욕심, 많지요.

상담 : 둘째 동서하고는 두 분이 그냥그냥 지낼 것 같아요.

여자 : 얼굴은 거의 안 보죠. 큰 동서는 이웃에 살지만 둘째 동서는 좀 떨어져 살고 그리고 중간에 가게를 같이 하면서 일도 있었어요. 둘째 동서도 성격이 엄청 불같은 데다가 가게에 일이 좀 있었는데 그때 제가 한 말에 기분이 나빴겠지요. 둘이 있을 때에는 동서가 십원짜리 욕을 하든 백원짜리 욕을 하든 상관이 없어요. 그런데 네명이 앉아 있는 자리에서 이야기를 하다 기분이 상해서 그 자리를 폭파시키고 욕을 하고 나갔어요. 제가 기분 나쁜 건 네명이 그 자리에 있었는데 형제 둘이는 괜찮고, 동서 둘이는 난장판이 된 거예요. '그런 상황에서 어떻게 형제 둘이만 괜찮으냐고?' 말했어요. 그 뒤로 서로 동서간에 봐도 그냥 '왔나 보네' 하고 인사하는 정도예요.

상담 : 그 정도까지네요. 그죠?

여자 : 네, 그리고 둘째 형이 남편한테 많이 의존해요. 두

살이나 많은데도 남편 말을 거의 다 '옳다'고 들어 주는 편이에요. '동생이 결론을 내려 줄래?' 이런 것 있잖아요. 너무 의존적이었어요. 그런데 가게가 이제 망하고 나니까 예전처럼 돌아가지는 못하지만 그냥 형은 형이죠. 동업을 했거든요. 시작할 때부터 문제가 있었어요. 그냥 내 남편이니까 좋은 것은 좋은 것이라고만 생각했고, 형님은 자본도 별로 없었는데 그래도 형제니까 작은 금액으로 같이 시작했었죠.

상담 : 형제끼리 동업은 별로 좋지 않은데, 결혼을 하고 나서는 더더욱 동업은 좋은 게 아닌데...., 그게 수익이든 지분이든 부채이든 간에 분할하기가 쉽지가 않거든요. 차라리 월급을 주고 고용을 하는 게 더 나은 것인데. 형제간에 동업을 할 때에는 지분을 정확히 정해놓고 시작해야 합니다. 그것도 형제간에는 좋지 않지요. 형제간에 우애를 지키기 위해서는 '그냥 믿어라' 하는 것은 좋지 않아요. 그게 화근이 돼요. 나중에 지분을 나누기도 어렵고 청산하기도 어렵고 형제간에 우애마저 잃어요. 그래서 형제간에 동업은 별로 권하지 않아요. 그래도 제가 보기에는 혜란씨가 시집식구들하고 나름은 융화를 잘 하려고 하는 부분이 보여요. 남편이 너무 순진하고 사랑을 너무 몰라요. 모른다기

보다도 표현이 잘 안 된다고 해야 할까요. '내 마음같이'만 생각하니까요. 사람은 좋은데, 한량없이 좋은 것 같아요. 다시 말해 선을 그을 줄 모르는 부분이 있는 것 같아요. 그런 것은 좋은 게 아닙니다. 다르게 표현하면 자기 주관성이 없는 것입니다. 그리고 혜란씨에 대해서도 그렇고 어머니나 형수에 대해서도 여자의 개념을 부정적으로 자기 속에 넣고 있어요. 여자에 대한 근본적인 문제가 쌓여 있으니까 혜란씨한테도 제대로 못하는 것 같아요. 남편의 요령이 좀 부족한 것입니다. 무엇이 사랑이고, 어떻게 사는 게 부부가 아름답게 사는 것인지에 대해 생각을 좀 해야 할 것 같아요. 그리고 혜란씨도 이제는 속으로 속앓이 하지 마세요. 그러니까 남편에게 정확하게 표현을 좀 하세요. 그리고 마음이 예쁜 혜란씨가 더 이상 상처를 받지 않았으면 좋겠어요. 어떤 문제와 자신을 분리하는 습관을 길들이기 바랍니다. 예를 들면 시어른하고 문제는 있어요. 그렇지만 그 문제를 빼내어버리면 그냥 연세 드신 할머니로만 봤을 때 어떻게 보이는지,

여자 : 그러니까 시어머니라는 개념으로 보지 마라는 말이에요?

상담 : 네, 시어머니가 아니라 그냥 연세 드신 할머니라고

생각하세요. 그리고 혜란씨가 그 집안을 들여다본다고 생각해보세요. 그러면 시어른이 자식들에게 어떤 인정을 받고 있는지, 어떤 대우를 받고 있는지가 보일 것입니다.

여자 : 그런 거 보면 불쌍해요.

상담 : 그러니까 독립시켜서 '하는 행동', '하는 말'에 대한 불만은 치료가 가능해요. 혜란씨가 충분히 할 수가 있어요. 어른이 혜란씨한테 가장 힘들게 하는 부분이 뭐죠?

여자 : 지금은 없는 것 같아요.

상담 : 그 봐요. 동서 아이를 돌봐준다는 이야기 듣고 혜란씨가 너무 순하고 착하다고 느꼈어요. 조금 전에 큰 동서하고 전화통화 하는 것을 보면 자매처럼 통화했어요. 동서하고 저렇게 편하게 대화가 되는지?

여자 : 제가 깨달은 거죠. 일단 남편과 이혼 이야기가 오가면서 큰 동서가 저에겐 힘이 엄청 많이 되었거든요. 우리 친정 형제자매보다도 더.

상담 : 음, 동서가~

여자 : 네, 형님이 저를 붙잡고 대성통곡을 하는 거예요. '왜 그랬느냐고?' 그때 '이런 사람이 있는데' 하고 내가 깨달은 거죠. 내가 여태까지 왜 이러고 있었을까? 하고......

상담 : 음~

여자 : 그러니까 내가 형님에 대해 '보고 싶은 모습'만 본 거예요. 그것을 깨달았어요.

상담 : 음~, 그랬구나, '내 눈에 보이는 것'만 가지고 형님을 평가했다는 거지요?

여자 : 네, 알고 보니까 그게 아닌 것이었습니다. '나만큼 상처받고 힘들었을텐데,' 내가 그렇게 생각했었다는 것입니다.

상담 : 두 분이 아까 통화하는데, 꼭 형제자매처럼 아주 편하게 통화를 했어요. 혜란씨는 다른 사람들하고 생각이 다른 게 그것을 빨리 볼 수 있다는 것입니다. '형님도 그랬었구나' 하는 것을 봐줄 수 있다는 것입니다. 내 입장만 계속 가지고 있는 것이 아니고 형님이 다가오는 것도 시집식구라는 개념으로 보면 형님을 밉게 생각할 수도 있거든요. 그런데 형님을 개인으로 봐준 거예요. 그런데 어느 한 부분은 봐줄 수가 있는데, 어느 한 부분은 자기 것을 가지고 가는 게 있습니다. 그래서 혜란씨가 조금만 자기 것을 들여다 볼 수만 있다면, 참 큰 사람이라는 느낌이 들어요. 그만큼 혜란씨 마음이 커요. 상담 공부를 했으면 좋겠어요. 인내하고 감내하는 것도 해보았고, 이혼해야 하겠다고 하다가 참았던 부분을 터뜨린 것도 있고, 환경적인

요인들이 나를 자극한 부분도 있고요. 그런데도 그것을 내려다 볼 수 있다는 것입니다. 어느 부분은 분리를 해서 보는 것도 있어요. 그래서 상담 공부를 해보라고 권유하고 싶어요. 이런 상황들을 몸에 습관이 되게끔만 잘하면 남의 아픔을 잘 읽어 줄 것으로 생각됩니다. 또 하나는 부부갈등 속에서도 조카들을 잘 돌보고 있다는 것에 대해 놀랐습니다. 아이들을 예뻐하고 아이들을 잘 돌보는 사람이라는 것을 느꼈습니다. 보통 사람들은 순수한 마음으로 아이들을 돌봐 줄 수가 없어요. 내 아이도 돌보기가 어렵습니다. 하물며 혜란씨는 아직 아이도 낳아 보지도 않았습니다. 내 아이도 없는 상태에서 다른 아이들을 보듬어 줄 사람은 그리 흔하지 않습니다. 사람들은 일시적으로 '예뻐'라고 할 수는 있어요. 하지만 꾸준히 동서네 아이를 그렇게 돌봐 줄 수 있다는 것은……

여자 : 첫째 아이는 딸인데, 우리집에서 몇 번씩이나 자고 가기도 했어요. 시어머니가 아들을 원했는데 딸이니까 이 아이가 너무 안타깝더라고요.

상담 : 그러니까 할머니가 손자를 원했는데 손녀를 낳았으니까, 혜란씨는 그 어린 질녀가 너무 안쓰러워 보였다는 것이잖아요. 그런 마음을 가지기가 쉽지가 않거든요. 그 아이 마음을 봐주기가 쉽지가 않

다는 것입니다. 또 이야기를 하는 것 중에서도 본인 스스로 '그런 것을 내가 못했네' 하고 받아들일 준비가 항상 되어 있어요. 그러면서 그것을 시연하려고 노력을 하거든요. 실제화시키려고 하거든요. 그런 마음이 쉽지가 않다는 것입니다. 그런 부분들이 상담 공부를 하면 '참 잘 맞아 떨어지겠다' 하는 생각을 해요. 전에도 제가 혜란씨에게 상담 공부를 했으면 좋겠다고 권유한 적이 있을 것입니다.

여자 : 네.

상담 : 가슴에 나름의 화 덩어리도 가지고 있었고 그것을 삼키기도 해 봤었고 그런 고뇌와 감내를 한꺼번에 다 겪고 넘길 수 있었다는 게, 그런 지혜가 있다는 게 쉽지가 않거든요. 아무나 그런 것을 받아들일 수는 없거든요. 혜란씨 입장에서 또래의 친구들을 한번 보세요. 혜란씨가 겪은 만큼의 상처를 가진 사람이 얼마나 있는 것 같아요?

여자 : 허허, 별로 없는 것 같아요.

상담 : 바로 그거에요. 그만큼 많이 아파봤기 때문에 '마음이 아픈 사람'을 읽을 수 있다는 것입니다. 그런 사람들을 봐줄 수 있는 내면이 생기잖아요. 특히 깨어 있다는 생각이 들어요. 그래서 혜란씨가 상담 공부를 하면 아주 잘 할 것 같아요. 그래서 조

금만 건드려서 흔들어 주면 자기가 완전히 깰 수 있겠다는 생각이 듭니다.

여자 : 오늘 좋은 말씀 많이 해 주셔서 감사합니다.

상담 : 아니요. 혜란씨는 얼마든지 가능성이 있다고 생각해요. 혜란씨는 그런 기질을 가지고 있어요. 그러니 잘 활용했으면 좋겠어요. 그 기질을 함부로 썩혀버리지 않았으면 좋겠어요. 그리고 혜란씨의 내면이 더 이상 아프지 않았으면 좋겠어요. 사람과 그 사람이 관련되어 있는 문제를 분리하는 연습을 조금만 더 하면 좋겠어요. 그러면 자기도 모르게 성큼 성장한 모습이 보일 것입니다. 혜란씨는 아주 큰 사람이 될 기질을 가지고 있습니다. 수고했습니다.

여덟째 마당

숨겨진 무의식을 찾아

8. 숨겨진 무의식을 찾아

상담 : 반갑습니다. 잘 지냈어요?

여자 : 네.

상담 : 힘들지 않았나요? 괜찮아요?

남자 : 네.

상담 : 남편 분, 장가를 잘 갔다는 생각이 안 드세요?

남자 : 들지요.

상담 : 어떤 부분에서요.

남자 : 여러 가지

상담 : 지혜롭다는 생각이 듭니다.

남자 : 그리고 제가 제 핑계일 수도 있지만, 집 사람이 제가 하고 싶은 일을 많이 지원해 주었어요. 결국

> 그 일로 인하여 집 사람이 힘들어 하고, 그렇지만 제가 볼 때 좀더 잘 했더라면 하는 생각도 합니다. 지금은 직장 생활한 지가 얼마 안 되었지만, 이제는 어떻게 해야 되겠다는 계획도 서고, 위기라고 느껴지는 이 단계를 어떻게 잘 넘어가느냐에 따라 삶의 윤택함도 달라질 것입니다. 그리고 이런 아픔이 남들보다 미리 겪었다고 생각합니다. 그런 부분에 있어서 집 사람에게 매우 고맙고 미안하고 그래서 빨리 치료되었으면 좋겠습니다. 저는 마음이 조급한 편이고 그리고 시간을 가지고 상담을 해야 한다는 것을 알면서도 그렇네요.

부인이 나중에라도 가슴에 화가 남아 있어서는 안 된다. 숨겨져 있는 분노 즉, 무의식의 불씨가 꺼지지 않으면 언젠가 다시 불이 탈 수 밖에 없다. 내게 무엇이 날아오느냐에 따라 점화력이 더 세어질 수도 있다. 제일 중요한 게 부인이 하는 패턴을 그냥 '따라 해야지' 하는 생각으로 하면 된다. 알아서 생각하는 기준을 '내 기준'에서가 아닌 상대를 먼저 배려하는 마음에서 생각해야 한다.

세상을 살다보면 돈이나 학벌, 외모보다도 더 중요한 것은 마음이다. 마음이 편한 사람이 제일 좋다. 돈은 내가 벌면 되는 것이고, 공부도 내가 하는 것이다. 외모보다 더 중요한 것은 배우자를 공경할 줄 알고 배려해 주는 마음이 더 매력

적이다. 남녀가 만나 부부가 되면 배우자가 좋아하는 것을 내가 즐기면서 할 수 있는 것이다. 또 내가 소중히 아끼는 것을 배우자가 함께 소중히 아껴주는 것이다.

그래서 '아, 저 사람은 이런 것을 이렇게 좋아하구나. 이것은 이래서 싫어하는구나.' 하는 것을 생각해야 하는데, 내 기준에서 '여자들이 이런 것을 좋아해'라고 생각하면 부부관계는 서운해지고, 무관심해진다. 그러면 부부관계는 실패한다.

그런데 '여자들'이라고 생각하지 말고 내 부인이라고 생각해야 한다. 부인 한 사람만을 위한 생각을 해야 한다. 그래야 실수를 하지 않는다. 여자들은 '꽃을 사주면 좋아한다'고 한다. 좋아하는데 문제는 내 부인은 지금 상황에서 '꽃이 싫다'고 생각할 수도 있다는 것이다. 누구나 꽃을 좋아는 하지만 상황에 맞출 줄 알아야 한다. 그 상황이 어떤 상황인지,

내 부인의 상황을 내가 제일 잘 알 수 있다. 그러니 눈치껏 해야 한다.

부인은 스스로가 자기 속에 아직 분노가 있다. 아직 분노가 다 소거되지 않았다. 그러니까 아직 자신 속에 분노가 남아있기 때문에 스스로 그 분노를 긍정에너지로 전환해서 쓰기 위해서는 부인이 상담 공부를 좀 했으면 권한다. 그래서 나머지 인생을 좀더 편하게 살았으면 좋겠다. 전에도 이야기 했지만, 부인이 공부를 할 수 있게 남편이 도움을 주었으면 한다. 본인들이 겪은 이런 비슷한 상황의 부부갈등이 의외로 많다. 경제성장과 더불어 사회문화의 가치관이 크게 변화되고, 기초생활 수준이 향상되면서 또 인터넷의 발전으로 인하여 부부갈등이 심각하게 많이 발생하고 있다. 그런 많은 분들에게 상담만 해 줄 수 있어도 치유가 된다.

나의 아픔이 하나의 사례로 끝나는 게 아니고 그 사례가 다른 사람에게 도움이 될 수 있다면 훌륭한 치유이다. 그렇게 활용할 수 있는 사람이 되었으면 좋겠다. 그래서 남편도 부인과 같이 공부를 좀 한다면 부부관계도 더 좋아지고 나아가 대인관계도 향상되고, 다른 사람을 도와 줄 수도 있을 것 같다.

그런데 중요한 것은 상처가 없는 사람은 공부를 하다가 중도에 대부분 포기한다. 환경적으로 괜찮은 집에서 자란 사람들은 그런 아픔을 모르기 때문이다. 외형적인 상처는 이해를 하는데, 심리 내적인 상처를 이해하지 못하는 것이다. 아무리 공부를 많이 해도 이해가 안 되면 해석 자체를 할 수 가 없다. 부부간에도 이해하지 않으면 그것은 사랑이 아니다. 사랑하지 않으면 이해가 안 된다. 그래서 남편도 부인과 같이 공부를 했으면 한다. 부부상담은 부부가 같이 끌어가고 같이 상담을 하면 제일 좋다. 부부상담의 방법 중에 한 사람은 리더, 한 사람은 보조자의 역할을 하는 것이다. 그렇게 해서 만든 게 코리(Corey) 방식이 있다. 그런 방법이 매우 효과적이다.

우리가 내담자가 해석을 할 때에 '곡선을 하나 그려라'고 제시어를 주기도 한다. 곡선은 무엇을 나타내느냐 하면 자기 내면의 무의식을 나타내는 것이다. 그리고 원은 자기 우주라 해서 자기 내면 전체를 말한다. 프로이트는 지형도를 그려놓고 의식, 전의식, 무의식의 이야기를 했다. 빙산의 일각도 프로이트의 지형도에서 온 것이다. 하지만 우리는 동양심리에 프로이트 방식을 접목시켜 분석을 한다.

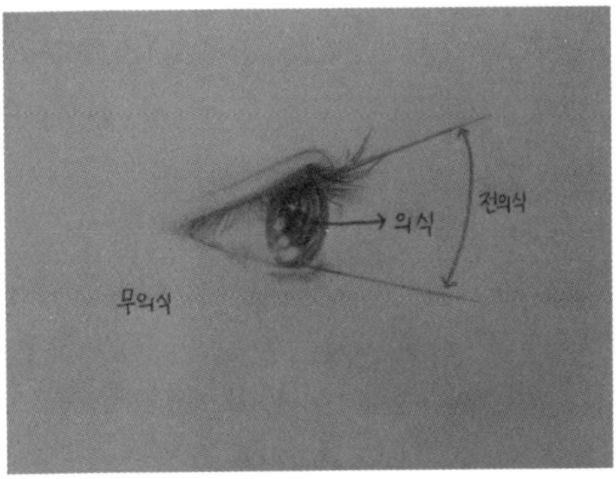

보다 이해가 쉽게 자신의 눈을 가지고 의식, 전의식, 무의식을 설명한다. 자신의 눈으로 봤을 때 정면에 선명하게 바로 보이는 것을 의식이라고 하고, 눈동자를 돌려야만 대충 볼 수 있는 것을 전의식이라 한다. 그 외에 보지 못하는 전체를 무의식이라 표현한다. 왜냐하면 인간은 '정확하게 봐야지' 하고 눈을 정면을 향해 떴을 때 정확하게 내 눈에 들어오는 것은 의식이다. 그런데 내가 마음에 없고 상이 흐린 상태에서 보면 무엇을 봤는지, 보기는 했는데 기억이 잘 나지 않는 것이 있다. 그것을 전의식이라고 표현한다. 그리고 내 뒤에 아예 보이지도 않는 부분이지만 모든 것이 존재한다. 그 존재하는 모든 것이 우리는 무의식이라 표현한다.

프로이트의 방식도 이런 식으로 설명한다. 중요한 것은 내담자에게 '곡선을 하나 그려라'고 할 때에 일렁이는 게 너무 많다. 강물이 계속 흐르고 있지만, 위에 부분은 조용한 듯이 흐르고 밑에 부분은 빠르게 흐르고 있다. 그게 바로 무의식이다. 우리는 '나도 모르게 저절로 그렇게 되었다'는 표현을 자주 사용한다. 또 뭔가 모르지만 나를 향해 날아오는 물체가 있으면 피하려고 움찔하는 게 있다. 눈앞으로 뭔가가 날아오면 눈이 무의식적으로 감긴다. 그런 게 무의식의 세계이다. 내가 '날아온다. 눈 감아라'고 명령하기도 전에 눈을 먼저 감아버린다. 그냥 무의식적으로 방어를 하게 되어 있다. 그래서 인간의 내면은 이렇게 의식, 전의식, 무의식이 존재한다는 것이다. 전의식은 '의식이 되기도 전'이라는 의미이다.

곡선은 끝과 끝이 맞물려 붙은 것은 의식이라고 한다. 왜냐하면 딱 맞물려 붙으면 어떤 모양이 되기 때문이다. 어떤 모양이 되면 눈에 확연히 보인다. 예를 들어 사각도 끝이 붙으면 모양이 되지만, 끝이 안 붙으면 형체가 없다. 어떤 모형이든 끝이 붙으면 모양이 되어 형체가 보인다. 그런데 모양이 되지 않아서 보이지 않는 것들은 눈에 드러날 수가 없다. 끝이 붙어 있지 않으면 모양이 드러나지 않는 것을 무의식이라 한다. 이런 기법으로 웨이브(wave)는 무의식, 끝이 붙은 것은 의식이라고 해석한다. 그래서 분석할 때에 '원, 웨이브, 곡선을 그려라'고 제시어를 주고 인간의 내면을 해석한다.

인간의 내면은 언제나 움직인다. 움직이는데 긍정으로 움직이는 게 있고 부정적으로 움직이는 게 있다. 그러면 우리 인간은 감정이 무거우면 어떻게 되는가? 감정뿐만 아니고 무엇이든지 무거우면 밑으로 내려가려는 속성을 가지고 있다. 가벼운 것은 당연히 올라가려고 한다. 인간의 마음도 똑같다. 그것이 세상이치이다. 이것이 접목이 되어 무거운 것은 무조건 내려가고 가벼운 것은 올라가듯이, 인간의 마음도 무거우면 가라앉아 몸이 축 늘어진다. 그런데 기분이 좋거나 긍정적이면 신바람이 나서 몸이 가벼워진다. 바로 그런 원리이다. 내 몸이 무거워지고 늘어지는 것은 내 마음에 이상이 있다는 것이다.

사람들은 스트레스를 받아서 살이 찌기도 한다. 왜냐하면 먹을 것은 너무 풍족한데 움직이지 않아서 생긴다. 움직이지 않겠다는 것은 자기 내면에 어떤 장애적인 요인, 무게로 느껴지는 부분이 있다는 것이다. 이렇게 내면의 모든 것이 해석이 다 된다. 중요한 것은 그림을 그려도 그 그림 속에 내가 비우지 않으면 상대 것을 읽을 수가 없다는 것이다. 내 마음을 가지고 있으면, 상대를 제대로 볼 수가 없다. 상대의 마음이 되어야겠다는 마음가짐이 있어야만 상대를 읽을 수 있다.

내담자의 마음을 읽으려고 하면 먼저 그 사람의 입장이 되어야 한다. 문제는 아픈 상처가 하나도 없는 사람이라면 아픈 사람의 마음을 제대로 읽을 수가 없다. 인간의 내면은 외형이 아니다. 외형은 눈에 보이니까 굳이 상처를 찢어보지 않아도 치료가 된다.

그런데 마음은 보이지 않는다. 마음은 찢어졌는지 갈라졌는지 보이지 않으니 모른다. 마음이 찢어지면 얼마나 아픈지 모른다. 예를 들어 아기를 잃어버린 엄마가 있다. 그런데 아기를 잃어버리지 않은 사람이 '얼마나 안타깝겠나, 힘들지?' 라고 할 수는 있겠지만, 그게 얼마나 안타까운 것인지를 잘 모른다.

치료사는 많은 경험에서 그리고 스스로 겪지 않으면 얻을 수 있는 것이 없다. 그렇지만 책을 통해서 또는 다른 사람의 이론을 빌려와서라도 치료해 줄 수가 있어야 한다. 그래서 책을 많이 읽어야 한다.

치료사는 상대를 이해하기에 적합한 환경을 만들어야 한다. 그렇다고 적합한 상태를 만들기 위해, 애쓸 필요는 없다. 단지, 두 사람이 겪은 아픔, 즉 소중한 경험을 그냥 버리기에는 너무 아깝다. 지금까지 너무나 많은 시간을 투자를 했었다. 그러니 두 분의 경험을 활용해서 상담 공부를 하자는 것이다. 그리고 자신처럼 이렇게 힘들어 하는 사람들을 읽어줄 수 있는 마음이 되자는 것이다. 그게 바로 치료이다.

제일 중요한 것은 문제와 일을 분리하고, 객관화시킬 줄 알아야 한다. 부인 같은 경우에는 남편이 힘들게 했는데도 조카들을 돌봐주었다. 부인에게 상담 공부를 하라고 한 게 바로 그런 이유이다. 다른 사람들보다 더 빨리 깨달을 수가 있다는 것이다. 그게 실행이 되고 있다는 것이다. 남편의 문제와 아이(질녀) 돌봄이 분리가 되었다.

그리고 부인은 남편이 어떻든 간에 남편에 대한 근본적인 사랑의 감정이 변함이 없다. 남편의 '행동에 대한 불만인 것'이다. 남편이라는 이 사람 자체에 대한 미움이라든지, 강한 부정적인 면이 있었으면 다시 결합할 생각을 못하는 것이다. 그래서 부인의 내면이 자기 스스로 확장시킬 수 있다는 생각이 든다. 그리고 활용도도 높을 것 같다. 경제적인 면에서도 회사 가서 하루 종일 일하는 것에 비해 한 시간만 상담해도 웬만한 소득은 된다. 그래서 다른 직장을 구하기보다는 상담공부를 권한다.

인간은 자유로울 때 가장 행복한 것이다. 상대에게 '왜 이래?' 하면 구속이 시작된다. 자신에게는 '내가 왜 이랬지?' 하면 자기성장으로 간다. '내가 왜 그랬을까?' 하면 뭔가 모르게 자신을 한번 더 생각하게 된다. 문제는 상대방에게 '왜?'라고 붙이면 상대가 부정적으로 받아들인다는 점이다. 그러면 지적이 되어 상대를 공격하거나 저해(沮害)하는 요인이 되어 상처를 받게 된다. '너 그걸 왜 그랬어?' 하면 상대는 '내가 틀린 거야, 뭐야?' 이렇게 되니 자신감이 떨어진다. 자신감이 떨어지기 시작하면 자신도 모르게 열등감이 생긴다.

〈남편의 그림〉

〈부인의 그림〉

위의 그림을 보면 남편 분은 자신감이 없다고 표현된다. 남편은 귀가 있는데 부인은 귀가 없다. 문제는 남편은 한쪽은 귀담아 듣고 한쪽은 걸러듣는다. 귀의 크기도 다르지만 한쪽은 붙었고 한쪽은 떨어져 있다. 위치상으로 볼 때에 부인의 말은 신경이 쓰이고 다른 사람 말은 건성으로 듣는 경우를 말한다.

남자는 바탕, 근원이라고 한다. 씨앗을 가지고 있기 때문이다. 그림은 과거로부터 미래를 향해 그리는 것이 정상이다. 이게 미술치료와 해석이 다르다. 왼쪽이 과거이며 조상이며 아버지나 남편의 경우를 나타내는 것이다. 그러니까 그림의 왼쪽 부분이 당연히 남자가 될 것이고 오른쪽이 여자가 되는 것이다. 남편이 그린 그림의 오른 쪽 귀가 붙어 있는 것은, 이제 겨우 부인의 말을 제대로 듣기 시작했다는 것을 의미한다. 이성을 만나 결혼을 함으로써 가정을 이루는 것이니까 여자는 미래 쪽이라 해석이 그렇게 되는 것이다.

인간의 마음은 무거우면 밑으로 가라앉는 것처럼 지난 것에 대해서는 자꾸 지워버리려고 한다. 그러니 그림을 3등분했을 때 밑은 과거, 위는 미래가 되는 것이다. 남편의 그림에서 점까지 찍어 두었다. 이 점은 그냥 무의식적으로 찍은 것이다. 자신의 지난 과거는 다 지우고 싶다는 것이다.

상담 : 남편 분 지금부터는 지난 과거를 다 지우고 싶다는 마음이 있다는 것에 대해 어떻게 생각하십니까?

남자 : 네. 과거는 다 접고 새롭게 살고 싶습니다.

상담 : 이렇게 점 하나 찍는 것이 다 이유가 있다는 것입니다.

내면을 읽을 줄 모르면 이해가 안 된다. 우리는 그저 내담자의 그림을 보고 분석을 해서 읽어주는 것 밖에 없다. 본인들이 다 그린 그림이다. 남편의 그림은 밑으로 더 자세한 것이 없다. 그래서 앞으로는 자기 일을 열심히 하겠다는 것이다.

그런데 문제는 졸라맨처럼 신체가 없다. 내 몸이 졸라맨처럼 되어 있다는 것은 자기가 행동하는 것도 두렵고 선뜻 나서서 내 마음대로 하기가 두렵다는 의미이다. 팔이 붙어 있지 않다는 것은 아무것도 못하고 있다는 것이다. 인간은 누구나 팔다리가 붙어 있어야 제대로 활동을 할 수가 있다. 결론적으로 남편은 마음대로 활동을 못하고 있다는 의미이다.

그림을 보면 남편이 자신감 있는 부분은 얼굴밖에 없다는 것이다. 코가 눈썹 밑에 가야 하는데 올라가 있다. 남편은 자기가 보는 기준이 일상생활보다 수준 높은 쪽으로만 쳐다보는 경향이 있다. 그림 전체와 비교하면 턱 길이가 매우 길다. 턱을 보면 체면을 아주 중요시한다. 체면을 중요시 했던 옛날에는 양반들이 턱수염을 만지면서 '에헴!' 했던 것처럼 말이다.

상담 : 남편 분은 체면을 왜 그리 중요시합니까?

남자 : 체면이 아주 중요하지요.

상담 : 부인의 그림에는 귀가 없습니다. 귀가 없다는 것은 자기 주관성이 강한 사람입니다. 남의 말에 좌지우지 되지는 않는다는 것입니다. 그게 남편과 잘 조화를 이루면 중화가 됩니다. 남편은 남의 이야기에 잘 넘어가지요.

남자 : 뭐, 그런 편이지요.

그림을 계속해서 해석해 보면 부인은 자기 주관에 소신이 있고, 목 부분에 조금 아플 수 있으니 신경을 써야 할 것 같다. 그리고 팔에 덧칠을 하다시피 했는데, 손목 관절이 상한다고 나오니 일을 너무 무리하게 하지 말았으면 좋을 것 같다.

치마에 웨이브가 끊어졌다가 다시 생겼는데 치마의 웨이브는 성과 관련이 있으니 두 분이 다시 재결합한다는 의미이다. 웨이브가 밖으로 나가거나 끊기지 않고 안으로 들어온 것은 바뀔 번 했다는 것이다. 다시 말해 남편과 재결합하는 경우에 이렇게 그리는 것이다. 그리고 치마에 주름 비슷하게 그린 것은 여자의 성과 관계가 있다.[2)]

중요한 것은 내 자신의 삶에서 내가 롤 모델링이 되어 그것을 긍정적으로 끌어올릴 수 있는 역할을 해야 한다. 그

---

2) 남자에게는 포겟이나 바지 자크 부분을 보면 성(性)과 관계 됨을 알 수가 있다. 실제로 초등학교 학생을 분석한 경우에 임신한 경우가 있었고, 또 대인기피증 환자도 있었다.

래야 삶이 긍정적으로 되고 발전이 있다. 남편도 잘 살고 싶고, 어느 정도 여유도 누리고 싶고, 행복하고 싶으면 아무리 부정적이더라도 그것을 긍정적으로 끌어올릴 수 있어야 한다.

예를 들어 지나가던 사람이 물을 엎질러 내 옷을 다 젖어버렸다. 그러나 어차피 엎질러진 물은 화를 낸다고 그 물이 다시 담겨지지는 않는다. 녹화방송처럼 리플레이(replay)할 수만 있다면 제자리로 되돌릴 수가 있겠지만, 인생은 그런 게 아니다. 이미 쏟아져 버린 것을 가지고 화를 내 본들 그 화는 내가 가지는 것이다. 결국 내 자신을 태워버리기 때문에 나만 손해이다.

그럴 때에는 먼저 상대를 읽어 줘버리면 된다. 그러면 상대가 오히려 더 미안해진다. 상대도 자신의 실수로 물을 엎질렀으니까 당연히 미안해 할 것이다. '많이 놀랐었죠? 어차피 젖어버렸는데 저는 괜찮습니다.' 해줘버리면, 나는 한 단계 더 성숙한 모습을 보이면서 더 세련되고, 상대는 더 미안해진다.

그런데 화가 나서 소리를 질러버리면 상대는 '내가 그러고 싶어서 그랬어?' 하고 오히려 역정을 내면서 공격할 수도 있다. 그러면 화가 화를 부른다. 그러니 긍정적으로 해석해서 그 사람을 먼저 읽어 줘버리면 된다.

상담 : 실제로 물을 엎지른 상대가 많이 놀랐을 것이다.

이럴 땐 오히려 '많이 놀랐었죠? 저는 괜찮으니까 걱정하지 마세요. 어차피 쏟아진 것이잖아요.' 하면 그 사람이 나에게 어떤 마음이 생길까요?

여자 : 더 미안해지겠죠.

상담 : 그렇죠. 더 미안해집니다. 바로 그렇게 하라는 것입니다.

그렇게 긍정적일 때 내 삶이 한층 더 상승한다. 마음이 더 가벼워진다. 그러면 내 삶이 신이 난다. 내가 화 낸 적이 하나도 없다. 저절로 나의 삶이 상승(up)되는 것이다. 모든 것을 부정적으로 생각하지 말고 긍정적으로 승화시키면 되는 것이다.

예를 들어 신랑이 바람 피워서 같이 못 산다고 해도 내 표현만 정확하게 하면 된다. '당신이 지금 그렇게 하니 내 마음이 아파요. 그렇지만 당신을 사랑하는 사람을 편하게 해 주지 못하니 기분이 나쁘기는 하네. 내가 사는 게 좀 많이 힘드네.' 하면 된다.

그런데 '왜 그래?' 하면서 소리 질러봐야 상대는 '이러니까 내가 그러지' 하면서 바람피우는 원인 제공을 상대의 탓으로 돌려버린다. 그게 바람피우는 사람들의 특징이다. '네가 재미가 없으니까 그렇지'라고 핑계거리를 만든다. 처음부터 재미있는 사람은 없다. 가정에서의 재미는 부부가 같이 만들어 가는 것이다. 그런데 '네가 재미없기 때문에, 너가 무뚝뚝하기 때문에, 네가 잔소리가 많아서……' 바람피우는 사람은 이렇게 핑계를 대면서 빠져나갈 구멍을 만들게 되어 있다.

그러니 두 사람은 앞으로 무슨 일이든지 긍정적으로 해야 한다. 하다못해 남편이 '늦게 들어온다'면 늦게 온다고 잔소리할 필요가 없다. 당신 늦게 퇴근하니까 '내 혼자 가질 시간이 많고, 덕분에 내게 책 읽을 시간도 주고 공부할 시간을 줘서 고마워' 라고 하면 된다. 늦게 왔다고 잔소리 해봤자 이미 늦게 온 것이 되돌려지지는 않는다.

여자 : 저는 보통 그렇게 합니다. 늦게 온다고 잔소리하지는 않아요. 내가 직장을 다녀봐서 아니까……, 그런데 시간이 지나니까 당연한 것으로 여기더라고

요. 내 입장에서는 배려한다고 해 주었는데, 이 사람이 당연하게 받아들이니까 그게 쌓이고 쌓이니 화가 납니다.

상담 : 맨날 하는 것을 하니까 당연한 것은 맞아요. 사실 당연한 것을 당연하게 받는다고 부인이 화가 나는 이유가 무엇인지 아세요? 내가 이렇게 해주면 '너가 이렇게 더 잘 해'라는 바라는 감정이 들어가 있기 때문입니다. '네 생각대로 돼야 한다'는 생각에 뿌리를 두고 있습니다. 그러나 바라는 마음을 갖게 되고, 바라는 대로 되지 않으면 남편에게 더 큰 불만을 갖게 됩니다. 홍부가 제비다리를 치료해 줄 때 부자가 되리라 기대하지는 않았습니다. 그냥 작은 생명의 소생에 대한 기쁨과 행복을 느꼈을 뿐입니다. 바로 그것입니다.

여자 : 아, 그렇구나.

상담 : 부인의 마음 속에는 바람이 있었기 때문입니다. 바람을 가지지 말고 그냥 주어야 합니다. 물 한잔을 주더라도 '이 사람이 물을 마시고 갈증을 해소했으면 좋겠다' 여기까지만 생각하세요. 베푸는 마음 자체가 행복이잖아요. 자꾸 다른 보상을 구하다 보면 괴로움을 느낍니다. 문제는 '내가 당신 챙겨 주었다'는 감정이 들어가면 다음에 상대가 '나를 안 챙겨주면 어떡하나?' 이렇게 됩니다. 대화에서

우리는 더 생각해야 할 게 있고 생각하지 않아도 될 게 있습니다. 그러니 하지 않아도 되는 뒷부분의 말은 하지 마세요. 그러면 서운한 감정이 생기게 됩니다. 대화에서 굉장히 중요한 부분인데 우리는 이런 실수를 자주 하곤 합니다. 내 감정이 들어가 있으면 잘 챙겨 주고도 욕을 얻어먹게 됩니다. '내가 이렇게 해 주었는데, 당신은 어떻게 그럴 수 있나?' 하는 게 무의식에서 자꾸 올라옵니다.

여자 : 내가 '펑' 터뜨리면 이 사람은 내가 왜 그러는지를 모릅니다.

상담 : 모르죠. 지나봐야 아니까요. 차라리 지적하고 싶으면 그때 바로 이야기해야 되죠. 당신이 '이렇게 하니까 나는 이렇게 느껴지고, 당신이 이렇게 하니까 내 마음이 이렇다.' 그때 해야 합니다. 시간이 지나고 나서 하니까 '아, 저 사람은 그것에 대해 다 잊어버렸나 보다' 하고 그 날이 지나면 다 지워버리고 없어집니다. 문제는 지나고 나서 말하니까 '뭐야?, 우짜라고' 이렇게 되는 것입니다. 항상 그때그때 풀어 주되 긍정적으로 풀어주어야 합니다. 긍정적으로 내 감정을 전달해 주라는 것입니다. '당신 왜 그래?' 하면 '당신'이라는 지적과 함께 당신 '행동'이라는 것이 지적되니까 상대는 오히려

화가 나게 된다. 그러면 '우짜라고?' 하고 공격적으로 반응합니다. 이미 해버린 것은 지금 와서 어떻게 할 수가 없습니다. 그러니 다음부터 하지 않게 하기 위해서는 반드시 '당신이 늦게 오니까 너무 속상하고 힘들어. 나는 당신이 내 옆에 있었으면 좋겠어.' 하면 됩니다. 이렇게 말했는데도 다음에 일직 오지 않으면 자극이 될 때까지 또 이야기를 하면 됩니다. 잔소리한다고 크게 달라질 게 없습니다.

남자 : 아유, 부끄러워 죽겠네, 이런 게 어떻게 보면 많이 불편하잖아요. 마음은 알지만, 사회생활 한답시고……, 그게 마음대로 안 될 경우도 있습니다. 앞에서 말한 것처럼 어쩌면 당연하다는 듯이, 문제는 그럴 수밖에 없는데……

상담 : '그럴 수밖에 없는 데'는 아닙니다.

결혼을 하여 가정을 이루었을 때에는 언제나 내 가정이 먼저이다. 내 울타리 밖에는 언제나 나를 잡아먹을 사람 밖에 없다. 모두 나의 경쟁자들 뿐이다. 내 울타리 안에는 모두 내 편이니까 내 편이 나를 잡아먹지는 않는다. 그러니 내 울타리를 정말 잘 챙겨야 한다. 막말로 내 가정 밖에 것은 챙기는 시늉만 해도 된다. 그런데 문제는 많은 사람들이 반대로 하고 있다.

부부갈등이 일어나는 대부분의 사람들은 밖에서 다른 사람은 잘 챙기지만, 집안에서는 챙기는 척만 한다. 그러니까 내 울타리 안에 있는 가정이 힘들어 진다. 내 아내, 내 남편은 오직 한 사람밖에 없다. 그러니 매우 소중한 사람이다. 정말로 애지중지 해야 한다. 울타리 밖에 있는 사람은 호시탐탐 내 것을 탐내는 사람들이다. 그들은 무슨 감언이설로 나를 속일지도 모른다. 거기다가 비위를 맞추고 있으니 한심할 뿐이다.

어리석은 사람은 울타리 밖에 있는 것을 선택하고 후회하면서 살아간다. 그 후회는 또다른 잘못의 시작이라는 것을 망각한다. 그것은 바보같은 짓이다. 부부갈등을 겪고 있는 사람들은 신중하게 생각해 봐야 할 부분이다. 배우자의 아픈 상처만 찾지 말고 그걸 껴안고 살아가는 법을 찾아야 한다.

옛말에 수신제가(修身齊家)라는 말이 있다. 수신제가가 되지 않으면 아무 것도 이룰 수가 없다. 내 가정도 못 챙기면서 남의 것을 챙길 수는 없다. 작은 내 가정도 하나 못 챙기면서 어떻게 큰일을 할 수가 있겠는가?

여자 : 그런데 남자들은 반대로 생각하잖아요.

상담 : 다른 사람에게는 헌신하고, 집은 소홀히 한다면 웃기는 이야기가 된다. 내 가정이 이 사회의 소집단이다. 사회의 가장 기초단위이다. 기초도 튼튼하게 세우지 않고 무엇을 세울 수가 있겠는가? 그게 중요합니다. 두 분은 그렇게 살았으면 좋겠습니다. 상대 이야기는 하지 말고 내 느낌만 전달하는 긍정적인 기법을 사용해 보세요. '당신이 왜 그랬어?', 당신이 틀렸어'라고 하지 마세요.

여자 : 상담 받고부터는 그렇게 하지 않고 있습니다.

상담 : 진짜 대단합니다.

여자 : 상담을 받고 가는 날은 여기에 대해 일체 언급하지 않습니다. 시간이 지날수록 참 좋더라고요.

상담 : 잘하고 있네요. 상담할 때에는 상담으로서 끝내야 하고, 밖에 나가서 '당신이 왜 그런 말을 했어?' 하면 상담을 받을 필요가 없죠. 여기 있었던 일은 여기서 끝을 내고.

여자 : 집에 가서 좋은 의도로 이야기를 해도 그게 나중에 싸움이 될 것이라는 생각이 들더라고요.

상담 : 맞아요.

여자 : 집에서도 하찮은 것 때문에 좋게 시작은 해도 끝

에 가면 싸움이 되니까. 우리는 부부문제로 상담을 받으러 왔는데 집에 가서 대화를 한답시고 이야기를 하면 또 싸울 것 같은 생각이 나서 이 사람도 그런 것에 대해 이런저런 말도 하지도 않고 상담시간이 점점 지나면서 이 사람도 기분이 좋더라고요. 말하는 것이랑 쳐다보고 웃어 주는 것이랑 그런 게 크게 바뀌더라고요.

남자 : 네, 추석을 지나면서 그랬던 것 같아요.

상담 : 여자는 그게 큰 행복이에요.

남자 : 나, 참, 겸연쩍네. (허허허) 멋쩍네요. (허허허)

상담 : 부인 말을 그만큼 잘 듣는다는 것입니다. 앞으로 더 잘 할 것입니다.

남자 : 그럼, 네. 허허허. 귀 담아 들을게요.

여자 : 쫑긋 세워서?

상담 : 매사에 신경을 쓰고 있다는 말이죠. 나는 두 사람이 상담 공부를 좀 했으면 좋겠어요. 남편 분이 직장 때문에 못한다면, 부인은 꼭 먼저 시작하면 좋겠어요. 부인은 감각이 아주 빨라요.

여자 : 칭찬해 주셔서 감사합니다.

상담 : 아니, 칭찬이 아닙니다.

많은 사람들은 자기내면의 상처를 분석하기 위해 공부한다. 사람들은 자기를 들여다 볼 눈을 가지지 못했기 때문에 다른 사람을 통해 배울 수도 있다. 자기내면 확대와도 관계된다. 하지만, 우리는 아픈 상처를 가진 다른 사람들을 도와주기 위해 공부를 했으면 한다. 우리는 다른 사람을 위해서 에너지를 충분히 쓸 수 있는 사람들이다. 정말 인간다운 인간으로 가야 다른 사람을 치료할 수가 있다. 진실은 언젠가 얼굴을 드러내는 것이다.

아파 봐야 아픈 사람의 마음을 이해할 수가 있다. 아픔을 이해할 수 없는 사람은 사랑할 수가 없고, 사랑할 수 없는 사람은 이해할 수가 없기 때문이다. 인간다운 인간으로 봐야 상담이 되고 치료가 잘 된다. 그런데 인간답고 멋있는 사람이 '저렇게 힘이 들구나' 하는 것을 봐 줄 수가 있어야 한다.

상담 : 그리고 부인께서는 이제 얼굴 표정관리도 좀 잘 해야 한다. 충분히 웃을 수 있는 예쁜 미소를 가지고 있는데도 불구하고 표정에 변화가 없어요.

여자 : 아, 얼굴이요? 그래도 많이 좋아진 것인데.

상담 : 그런데 감정적인 것을 얼굴에 잘 드러내지 않고 무뚝뚝하게 있습니다. 남편 분, 솔직히 그럴 때 조금 힘들지 않아요?

여자 : 그런 소리 많이 했습니다. 웃으라고 하면서,

남자 : 등골이 오싹하죠. 허허허.

상담 : 그렇죠? 내가 그 말을 하고 싶었어요. (허허허) 제

가 표현하기가 뭐해서 말을 못했는데, 상대를 이렇게 제압하려고 하는 부분이 있어요.

여자 : 아, 제가요?

상담 : 부인의 그 표정이 상대를 주눅 들게 만드는 것입니다.

여자 : 그 이야기는 회사 다닐 때에도 좀 들었어요.

상담 : 그것은 좋은 게 아닙니다. 특히, 거만 떠는 사람들이 그런 표정을 합니다.

여자 : 아, 그렇구나. 그래서 그런가? 제가 제빵 일을 했는데, 제가 생각할 때에는 20대 때에는 지나가다가 다른 사람과 부딪히면 화부터 냈거든요. 36살이 된 지금, 되돌아보면 그때에는 참 어리석었던 것 같다는 생각을 합니다. 이 사람도 그 이야기를 했고요. 지금은 부딪히면 미안하다고 제가 먼저 말합니다. 그때는 부정적인 생각이 너무 많았던 것 같습니다. 아버지가 돌아가시고 나서부터 마음이 안정적으로 되었습니다. (울먹이면서)아버지가 맨날 어머니를 때리는 모습을 보면서 제가 자랐으니까, 아버지가 돌아가신 원인이 심장마비였습니다. '우리들을 고생 안 시키고 잘 돌아가셨다.'는 그런 생각이 많이 들더라고요.

상담 : 아버님께서 짐을 들어 주셨네요.

여자 : 네, 60이라는 젊은 나이에 돌아가셨지만, 어머니

짐도 들어 주시고, 세월이 지나면서 어머니를 때린 것은 안 좋은 모습이었지만, 그런 것은 온데 간데도 없고, 재산은 없어도 '빚을 남겨주지 않은 것에 대해 고맙다. 몇 십년 수발들지 않게 해줘서 고맙다.' 뭐 이런 생각들이 더 많이 들었습니다.

상담 : 생각을 그렇게 하니 얼마나 좋아요.

여자 : 그런데 아버지가 살아 계실 때는 그런 생각을 아예 하지 못했습니다. 왜 엄마를 괴롭히는지, 어릴 때부터 어머니를 때리는 모습밖에 보여 준 게 없었습니다.

상담 : 모든 것을, 내 생각을 바꾸면 내 삶이 바뀝니다. 내가 행복하다고 생각하면 행복에너지가 나오는 것입니다. 그러면 행복한 일만 생깁니다. 그런데 내가 힘들다고 생각하면 힘든 일만 생깁니다. 에너지가 그렇게 움직입니다. 웃으면 웃는 일만 생깁니다. 그래서 부인이 잘 하고 있지만 표정을 조금 바꾸었으면 좋겠습니다. 부인이 처음에 상담을 왔을 때는 무뚝뚝하게 반응도 없었습니다. 그럴 때 남편 분이 '참 힘들겠다.' 이런 생각도 했습니다. 진짜 썰렁하게 무표정이었습니다. 남자들은 그런 것 정말 싫어합니다. 같은 값이면 애교도 부리고 해야 남자가 집에 빨리 퇴근하고 싶겠지요. 그래서 밤에 잠자리에서는 여자가 요부가 되어야 한

다고도 합니다. 그리고 평상시 가정에서는 내조자로서 알뜰하고 경제적이면서 자녀교육이나 남편 내조에도 충실한 현모양처가 되어야 합니다. 여자이지만 동시에 나를 발전시키고 개발시킬 수 있어야 합니다. 거울 보면서 열심히 연습하면서 살아가요. 헤헤 호호 웃으면서 어떤 때가 가장 예쁜 모습인지 거울 보면서 관찰해요. 남편도 도와주시고요.

남자 : 네.

여자 : 저는 여러 명이 하는 수업은 경쟁의식이 있어서 싫더라고요. 그래서 지난 번에 요가를 했는데 그것도 오래가지 못했어요.

상담 : 지는 게 싫거든요.

여자 : 그런 것 때문인가요?

상담 : 부인은 누구에게 밀린다든지 진다는 것에 대해 스트레스를 많이 받아요.

여자 : 회사에서도 그랬어요.

상담 : 남들보다 늦다든지 남들보다 이해를 못한다고 생각하면 자기 스스로 감당이 안 됩니다.

여자 : 네, 내가 모르는 것이 나오면, '나만 이상한가?' 그런 게 많아요.

대화는 놀라운 힘을 가지고 있다. 하나는 상대방을 격려하고 힘을 주며 성장시키는 에너지를 가진 반면에 하나는 상대방을 좌절시키고 파괴하는 능력을 가지고 있다. 대화는 두 사람의 인격과 인품, 태도를 나타낸다. 자신과 상대방에 대한 자세와 태도가 언어나 비언어로 표현된다. 그래서 대화는 자신과 상대방 모두를 소중한 존재로 보는 긍정적인 자세와 솔직하고 진실된 태도가 중요하다.

긍정적인 대화는 생각과 감정, 행동을 만들어 내지만 부정적인 대화는 부정적인 연쇄효과를 만들어 낸다. 사랑에 실패하는 이유는 '내가 좋아한 만큼 너도 나를 좋아해야 해.'라고 장사꾼처럼 계산하고 대가를 바라기 때문이다. 또 사랑한다는 명분으로 상대에게 지나치게 간섭하고 구속하고 통제하기 때문이다.

사랑은 아름다움을 갈망하는 것이다. 이제 두 분 마음에

배우자를 위한 공간은 충분히 확보되었다고 생각된다. 자기 자리만 고집하지 말고 상대 배우자의 눈높이에서 보는 습관을 가져야 한다. 부부가 진실로 서로 믿고 사랑하고 있을 때에는 칼날과 같이 좁은 침대에서도 단잠을 잘 수가 있다.

이제 두 분은 서로에 대한 미움을 버리고 사랑으로 대하라. 상대가 나에게 잘 하지 않아도 상대에게 더 잘 해야 한다. 상대가 나에게 잘 하지 않는다면 거기에는 분명 그 사람 나름의 이유가 있을 것이다. 부부 사이에 맺힌 미움이 크다면 서로 화해한 후에도 그 미움이 말끔히 해소되지 않고 작은 앙금이 남게 마련이다. 그럴 때는 그 사람에게 반대로 잘 대하면 그 사람은 감동할 것이다.

사랑은 아낌없이 내어 주는 것이다. 그것은 주고받지 못했다고 해서 모자라지도 않는다. 사랑은 끊임없이 주고 있으면서도 주고 있다는 느낌조차 들지 않아야 한다. 그래서 사랑은 아무리 주어도 고갈되지 않는다. 고갈되지 않는 사랑은 부부간의 불균형을 극복할 수 있는 새로운 에너지의 원천이며 동시에 새로운 성장동력이 된다. 따라서 사랑은 우리의 삶의 질을 더 높이고 행복에 기여하는 것이다. 내 남편을, 내 아내를 사랑하면 내 마음이 더 행복해진다.

낭떠러지 위에서의 외줄타기
-부부갈등과 사랑-

2015년 1월 25일 초판인쇄
2015년 1월 30일 초판발행

저 자 김순향 · 조한석
발행인 유 성 열
발행처 **유북스**
서울특별시 영등포구 신길로 40길 20
전화 (02) 833-6090 · 6091
FAX (02) 849-0817
등록 제2010-000072호

파본은 바꾸어 드립니다. 값 15,000원

http : //www.chongmok.co.kr

ISBN 978-89-969020-6-5